〔新装版〕

舵のない船

布川事件の不正義

〔新装版〕舵のない船　布川事件の不正義　目次

物証のない事件は、底荷と舵のない船のようなものだ。

不正確な目撃証言のなすがままに、縦横に揺れ動くだけであり、事実の判断者は推測と憶測だけを頼りにするようになってしまう。

——マーシャル・ハウツ

Justice delayed, is justice denied.
正義を遅らせることは、正義を認めないということだ。
——グラッドストーン

Justice, being destroyed, will destroy; being preserved, will preserve.
破られつつある正義は、どうしても破られてしまう。守られつつあれば、いかにしても守られるものだ。

第一章　絵馬

1

　東京の上野駅から常磐線に乗り、我孫子《あびこ》で成田行きに乗り換えると、待ち時間も入れて一時間半ほどで布佐《ふさ》駅に着く。

　駅前は閑散とし、牧水の歌に出てくるような、野の奥の寂しい停車場といった感じだ。徒歩数分、堤防に達し、目前を利根川が滾々《こんこん》として流れる。事件当時、現在の栄橋はなく、少し下手に釣り橋がかかっていた。

　橋を渡ると、河畔に布川《ふかわ》城跡の碑が立ち、鬱蒼とした樹木に囲まれて徳満寺《とくまんじ》が静かなたたずまいを見せる。本堂正面の左手に、少年の日の柳田国男の心に衝撃を与えた一枚の絵馬が、今も昔のままに掲げられている。

　柳田の故郷は兵庫県だが、明治一八年の飢饉の体験が民俗学を志した動機の一つとなり、ここ布川における滞在も無関係ではなかったろう。医師だった長兄がたまたまこの地で開業していたので、一三歳のとき、しばらく身を寄せていたことがある。

　柳田はまず、茨城の人の言葉遣いの荒さに驚き、次に不思議に思ったのは、どの家にも男の子と女の子、あるいは女の子と男の子の二人ずつしかいないことであった。そして、八人兄弟の柳田に土地の人々はみな目を丸くした。

八人兄弟がなぜここでは珍しいのか。一軒の家になぜ子供が二人ずつしかいないのか、柳田少年が時折訪《おとな》う徳満寺に、その答えは秘められていた。

「約二年間を過ごした利根川べりの生活で、私の印象に最も強く残っているのは、あの河畔に地蔵堂があり、誰が奉納したものであろうか、堂の正面右手（現在は左手）に一枚の彩色された絵馬が掛けてあったことである」

彼はその自伝、『故郷七十年』に述べている。

「その図柄は、産褥の女が鉢巻を締めて生まれたばかりの嬰児を抑えつけているという悲惨なものであった。障子にその女の影絵が映り、それには角が生えている。その傍に地蔵様が立って泣いているというその意味を、私は子供心に理解し、寒いような心になったことを今も憶えている」

間引きはかつて、布川だけでなく各地に行われていたが、貧しかったこの地方ではとくに酷かった様子がうかがわれる。本来は、菜や大根などの作物の苗をよいものだけを残して他を引き抜いてしまう作業のことだが、赤子が生まれると貧しさゆえに死亡させてしまうことを意味した。

この種の絵馬は、こうした間引きの悪習をいましめる役割をもち、幕末から明治にかけて関東地方を中心に分布したといわれ、これもそのうちの一つであろう。

膚を刺すように冷たい山背が常陸台地から吹き下ろしてくると、この一帯はしばしば冷害に見舞われた。貧しい人々はたちまち食に窮し、生まれ出た赤子は哀れにも、菰《こも》に巻かれて闇に葬り去られた。

そして、近所には、

「薪拾いにやった」

あるいは、

「魚取りに行った」

と言えば、それだけで世間はすべてを納得したのである。

逃げるように、徳満寺の境内を出て、土手の上を行く。

周囲に人影はなく、聞こえるものは静かな川の流れの音だけである。枯れ草がはるか地平線の彼方の黄雲に連なり、蕭条《しょうじょう》とした野の景色が重い思いをさらに重くする。

やがて、左手に見えてくるのが、布川の村落である。正確には、茨城県北相馬郡利根町布川だが、以前はもっとひっそりとしたさびしい村であったろう。

――今から二六年の昔、この静かな寒村で、村人を震撼《しんかん》させた惨劇が行われた。小金を貯めこんだ一人暮らしの老人、玉村象天《しょうてん》（六二歳）が何者かに殺害されたのである。

2

昭和四二年八月三〇日午前七時半ころ、香取久義は、大工仕事を頼もうと近所に住む玉村の家に立ち寄った。

家は取手警察署利根巡査駐在所から約五〇メートル離れた県道の端にあり、利根町公会堂や布川小学校なども近所にある。敷地は南北一二メートル、東西一三メートルのほぼ正方形で、北側と西側が道路に面し、南側は材料置き場を隔てて隣家に接し、東側は水田であった。

声をかけたが返事がなく、庭には自転車が置いてあり、出掛けた様子もない。廊下のある東側のガラス戸を引いて中に入ると、廊下に玉村がいつもはいている地下足袋が揃えて上げてあった。戸が一枚内側に倒れ、ガラスが三、四枚壊れて破片が散らばり、様子がおかしい。板の間を通って八畳の座敷へ入って行くと、仰天した。

玉村が両足をタオルとワイシャツで縛られ、口の中にパンツが押し込まれ、首にもパンツが巻きつけられて、身動きしない。頭を北東方に、足を逆くの字に曲げて西南方に向け、膝から上は布団を被って息絶えている様子であった。

部屋の中には布団や、衣類などが散乱し、机、ロッカー、箪笥などが物色され、隅の畳が頂点を下にした三角形に落ち込んでいて、玉村がかなり抵抗したのではないかと思われた。

事件は直ちに駐在所に通報された。現場の状況から、強盗殺人事件と推断され、警察は利根町に臨時捜査本部をおき、地元、県警本部の応援を含めて八〇名の捜査員による大規模な捜査を開始した。

現場検証は午前一〇時五〇分から六時間も続いたが、翌日も同じくらいの時間をかけて丹念に行われた。指紋の採取はもちろん、犯人と結びつく資料がくまなく探されたが、なにも発見できなかった。

死因究明のため、竜ヶ崎簡易裁判所の鑑定処分許可をえて、日立市の秦《はた》泰資医師に鑑定が嘱託された。

茨城県には当時、医科大学がなく、民間の医師が司法解剖をしていた。

解剖は、その日の午後三時半ころから被害者宅の庭先で始められ、午後五時ころ終了、取手警察署長が立ち会った。

秦医師の鑑定書ができあがったのは、一二月一日とあるが、遅延の理由はわからない。

「死因は口の中に詰められた布切れで、気管が詰まった窒息死、死亡推定時刻は、午後七時から一一時ころ」（茨城新聞）

という捜査本部の発表であった。

玉村の足取りは、八月二八日夕刻まではつかめた。布川で養鶏業をしている人が、玉村に八月二五日から一、二か月の予定で鶏舎作りを頼んでいた。二八日の午前一〇時ころきて、夕方六時半ころ帰って行ったという。

玉村は自宅で朝食をとり、弁当をもって、夕食は家へ帰ってとる。

翌二九日、玉村が仕事に現れないので、どうしたのかと訝《いぶか》っていたおり、亡くなったことを三〇日の朝、警察の人から聞いた。

二八日に帰ったときの服装は、白の木綿半袖シャツ、カーキ色ズボン、地下足袋をはき、麦藁帽子をかぶり、自転車に乗って帰って行った。死体の服装も、だいたいこの通りであった。

もう一人、玉村に会った人がいる。二八日の夕方、小雨がぱらついていた。七時ころから七時半の間に玉村が訪ねてきて、花妻酒造から工事代金をもらってきてくれと頼まれたという。

玉村は小金を貯めこんで、金貸しをしているという噂があったから、金銭上のトラブルが原因とも考えられ、その方面からの洗い出しも行われた。借用証の綴りが残されていたし、郵便貯金通帳と常陽銀行の預金通帳もあり、行員が事情を聴取されているが、残高は公表されず、一切が不明のままであった。

捜査陣は、こうした被害者の身辺捜査、地取り捜査（住民を対象にした聞き込み）、前科者、素行不良者などの捜査を進めた。

犯行時刻は、死体解剖の結果と合わせて、やはり二八日の夜、七時三〇分から以降であると推定された。

そして、有力な聞き込みをえた。布川に住む小宮二郎少年が八月二八日、午後七時から八時の間に自宅から自転車に乗って役場の方へ向かって行く途中、被害者の家の前の県道を通って行くと、家の道路側に男が一人立っていたのでびっくりして庭先の方を見たら、もう一人の男が部屋の中にいる人と立ち話をしていた。一人は、背が高い男であったという。

豆腐の行商をしている女性から、午後七時から半ころ、被害者の家の入口の辺りに人が一人いたようだという聞き込みもあった。

その夜、玉村の家の筋向かいの家では、前日の二七日、水死した一七歳の少年の通夜が行われていた。静かな田舎町ではあったが、そのためふだんより人通りは多かった。

こうして、利根町一円、竜ヶ崎の一部、布佐町にわたって地取り捜査が続けられ、捜査線上に浮かび上がったのは、一八〇名におよぶ多人数であった。

その中に桜井昌司と杉山卓男の二人も、素行不良者のリストに挙げられ、捜査の対象となっていた。

捜査員は二人一組となって、二八日のアリバイを中心に捜査にあたったが、九月下旬になると、捜査の対象として残されたのは、所在不明者を含めて一〇数名に減じた。

捜査本部の責任者、渡辺忠治のいう、

「犯行前後、利根町に立ちまわりがあったものの中で、犯行当時のアリバイもはっきりしないということで通常の捜査段階では解明できないもので、余罪のあったものについてはやむを得ず一応逮捕してアリバイを究明しようという方針」にもとづき、九月下旬から、別件の軽微な犯罪で四人が逮捕され、取り調べをうけた。

しかし、いずれも、二八日のアリバイが明らかとなって釈放された。

臨時捜査本部が利根町に設置され、県警から大量の捜査員を動員して大がかりな捜査を開始してすでに一か月、いまだ犯人検挙の端緒もつかめない行き詰まりに、捜査陣は大きな焦りを感じていた。

こうした状況の中で、一〇月上旬、「唯一の対象者」として捜査陣に最後に残されたのが、桜井、杉山の二人であった。

3

桜井昌司は昭和二二年一月生まれ、東京台東区の役所吏員をしていた父、野菜行商をしていた母のもとに育ち、三七年、竜ヶ崎第一高等学校に入学した。しかし、勉学意欲にとぼしく、家庭内の不和もあって一年半ばで中退している。その後は、転職を重ね、友人宅を泊り歩いたり、競輪遊技をしたりして、徒遊生活を送っていた。

杉山卓男は昭和二一年八月生まれ、小学校三年のとき、利根町役場吏員をしていた父と死別、小学校の教員をしていた母の手で育てられた。三七年、竜ヶ崎第一高校へ入学したが、二年の三学期に原動機付き自転車の無免許運転を理由に退学処分をうけた。

その後、茨城県立土浦職業訓練所を卒業して、東京都で機械修理工となったが、四一年、母親にも先立たれ、一時同棲して結婚を予定していた女性にも実家へ去られたりしたことなどから、しだいに生活が荒《すさ》むようになり、定職に就かず、母の残した貯金を少しずつ引き出したり、タカリをしたりして競輪遊技に費消するなどして、徒遊生活を送っていたものである。

捜査本部はすでに九月三〇日、竜ヶ崎簡裁に杉山の逮捕状を請求、強制捜査にかかろうとしていた。一〇月一〇日の深夜、桜井はズボン一本の窃盗という軽微な被疑事実で逮捕され、取手署に留置された。いわゆる別件逮捕である。

翌一一日の午前、午後、夜、一二日の午前をフルに使って、窃盗の被疑事実とほか一〇件ほどの窃盗余罪の取り調べが終わった。

この段階で、身柄を拘束する必要性はなくなったわけだが、桜井は釈放されなかった。

捜査は任意捜査が原則なのだから、しかとした理由なく市民の身柄を拘束することは許されず、人身の自由は保障されなければならない。

人を逮捕するには、逮捕の理由と、その必要性あるときに限られる。

逮捕の理由とは、犯罪の相当な嫌疑、「罪を犯したことを疑うに足りる相当な理由」をいう。

また、逮捕の必要とは、逃亡の恐れや罪証湮滅《いんめつ》の恐れなどを指す。

こうした恐れがない場合、身柄拘束の必要はないわけだが、桜井が釈放されなかったのは、警察の狙いがあくまで「玉村殺し」にあったからである。

その日の午後、逮捕状記載の被疑事実について起訴前の勾留決定（第一次）があり、一〇日間にわたる違法な身柄拘束が始まったのである。そして、この第一次勾留を利用して、本件の強盗殺人について連日、長時間にわたる取り調べが強行された。

桜井は、八月二八日の行動を追及された。四〇数日も前のことを正確に記憶している人は少ない。まして、彼のようなふしだらな生活を送っていたものにとって、そのようなことは不可能に近い。思い出せないまま、最初のうちは適当なことを言っておいた。

「おまえの言ったことは、調べてみたら嘘だった」

「玉村殺しの犯人だから、ほんとうのことを言えないんだろう」

と責めたてられた。

桜井は逮捕後、すぐに窃盗事件については認めたが、捜査本部の当初からの指示による強殺についての取り調べに対しては、否認をつづけた。

しかし、何を言っても、聴いてくれなかった。ついに、五日後、

「杉山と二人で玉村さんを殺して、金をとった」

と自白させられてしまった。

この桜井の「杉山共犯」の自白をもとに、捜査本部は杉山を「暴力行為等処罰に関する法律違反」を被疑事実として、同じ別件逮捕に踏み切った。

一〇月一六日、杉山が逮捕された。

水海道《みつかいどう》署で、午後二時ころから暴力行為について取り調べをうけ、犯行を自白、自供調書が作成された。逮捕状記載の被疑事実についての取り調べは、その日の夕方終わった。

ところが、午後七時から、久保木、大木警部補により本件の強殺事件について、取り調べが始まり、二八日の行動を追及された。

杉山は、桜井昌司とはあまり気の合う仲ではなかったが、昌司の兄、賢司と親しかったので、東京中野の彼のアパートにはよく泊まった。

その日も、賢司のアパートにいたとアリバイを主張し、取り調べは午後一〇時四〇分に終わった。

翌一七日、逮捕の端緒となった別件の暴力行為について勾留決定があり、この別件勾留によって杉山の身柄を確保、午後三時一五分から六時五〇分まで、本件強殺について取り調べが行われた。

その夜も、取り調べが続けられた。

「桜井が、お前と一緒にやったと言っているぞ」

「桜井の兄貴は、お前のいうアリバイは嘘だと言っている」

と責められた。

(桜井がやって、俺をひきずり込んだのかもしれない)

(兄弟そろって、俺を陥れようとしているのかな?)

杉山は、そんな疑心ももった。

ついに、あきらめて犯行を自供し、午後七時二五分から一一時四〇分までの間に、最初の自白調書が作成された。

一八日、一九日も同じく強殺について、取り調べが行われ、その自供に基づいて、強殺について逮捕状が請求された。

一九日の新聞には、次のような見出しで大々的に報道された。

利根町の殺し
競輪の資金断られ
犯行全面的に自供
目撃者証言が逮捕へ

事件発生以来五〇日ぶり、急転直下の解決だった。二人は事件後間もなく捜査線上に浮かんでいたが、アリバイなどの確証がつかめずにいた。しかしその後の捜査で事件のあった夜、被害者の玉村象天さんの庭先で立ち話をしていた二人連れの男に間違いないとの目撃者の証言が得られ、これが逮捕のきっかけとなったという。(茨城新聞)

自白は一応えられはしたものの、まだ事件の詳細は判明していなかった。

たとえば、杉山は最初、畳をもち上げて、その下からボール箱に入った金をとったと自白した。しかし、取調官から見れば、現場の状況からそのようなことはあり得ず、押し入れの布団の中からとったのでなければならず、調書はそのように変更された。

こうした作業が繰り返され、警察の留置場にいる間、連日深夜にいたるまで長時間の取り調べが行われた結果、一〇通近くの自白調書が作られた。

水海道署から移監になると決まったとき、杉山は森井と大木の二人の捜査官に呼ばれた。

「今度、土浦拘置所へ移るからな、向こうへ行ったら、検事さんや裁判官によく謝ってな、桜井はこの際、今までやった全部の余罪を話していくと言っているんで、今日は移監にならないが、少し後れて行くからな」

と二人は言い、注意を与えた。

「桜井は杉山にひきずり込まれてやったと言っているから気を付けろよ。拘置所へ行けば弁護士もつくし、弁護士によくやったことを話せば、桜井がなんと言っても大丈夫だからな」

杉山は一一月六日、桜井は一一月八日、それぞれ土浦拘置支所に移された。

取り調べにあたった有元芳之祐検事は、二人の訴えによく耳を傾けた。

窃盗と暴力行為について、二人を起訴したが、強盗殺人はやっていないという否認調書を作成した。強殺については、起訴できないと判断したものであろう。

別件が起訴されたため、二人の勾留はつづいたが、「人殺し」の烙印だけは一応消されたわけである。

この間の事情を、杉山は後年提出する上告趣意書の中で、次のように述べている。

4

一一月六日、土浦拘置支所に移監になりました。この日、拘置所の事務所内で、私は竜ヶ崎の乱闘事件で一緒だった山村という男と会い、尋ねられました。

「どうしたんだ、あの喧嘩のことか？」

「違うんだ」

私はそう言い、その場はそれで別れました。それから舎房に入れられ、翌日、運動場で山村や他の竜ヶ崎の知り合いの男たちと一緒になり、また聞かれました。

「どうしたんだ？」

「実は、俺はやってないんだけど、強盗殺人事件で、桜井昌司という野郎が警察で俺とやったなどと出鱈目を言っているので、俺も一緒にやったようにされちまったんだ」

と言うと、

「それはひどい野郎だな。桜井って、どんな野郎だ」

と聞かれ、竜ヶ崎の連中にも、

「やってないなら、検事に認めては駄目だ。犯人にされてしまうぞ」

と言われました。

私の話を聴いていた拘置所の職員も心配してくれ、

「杉山、やってないのなら、はっきり検事さんにそう言うんだ。やってないのに犯人にされるなんて、そんなバカなことがあってはいけない」

と言ってくれ、その人は蛭田《ひるた》部長という人でした。

私も竜ヶ崎の友人や拘置所の職員から、真実を検事に述べるように言われ、また前々から警察ではいくらやってないと言っても信用してくれないので、刑事の言いなりになってきましたが、検事ならば私の無実をわかってくれるのではないかという気もあり、真実を述べる決意でおりました。

一〇日ころ、有元検事の取り調べが検察庁で始まりました。

「自分はこの強盗殺人事件にはいっさい関係ありません。無実です」

と言うと、有元検事は、ちょっと意外な顔をしましたが、

「一応、君の話は聞いてみる」と言い、

「では、この事件のあった日には、どこにどうしていたのか?」

と質問しました。

私は、東京都中野区野方の光明荘アパートで、昼は大川原の足に賢司が入れ墨をして、その後賢司、大川原はアパートを出て行き、私ひとりで風呂屋、パチンコ店に行き、その後で新井薬師の「薬師東映」へ映画を見に行った。

映画の途中、タバコを買いに外へ出た。映画が終わってから光明荘に帰り、一人でいると昌司がやってきて、その後昌司が向かいのアパートの女の人の部屋から魚の缶詰を盗んできて、それを食わずに茶ダンスに入れ、二人でアパートで寝た、と記憶するままを話しました。

「よし、調べ直してみる」

有元検事はそう言って、この日は終わりました。

一一日ころ、また検察庁に連れて行かれ、有元検事に調べられ、このとき、検事は、

「映画館やその他のことを調べたが、薬師東映では確かに君の言っている『クレージーの黄金作戦』という映画をやっていた。しかしパチンコ屋と風呂屋では、君らしい人がいたかどうかはっきりしない、

ということだ」

「映画館に風呂道具をもって行ったとか、なにか特徴のある格好で行ったなら、誰か憶えているだろうがな」と言い、

「バー『ジュン』のママさんとじゅんちゃんという名の人にも直接きてもらって調べてみるが、なぜ、やらないものを警察でやったと言ったんだ?」

と言うので、私は、

「それは、一口で言い表せませんので、ノートかなにかに書かせてください」

と言うと、有元検事が拘置所の職員に、

「杉山にノートを買ってやって書きたいことを書かせてください」

と言っていました。

それでこの日の調べは終わり、拘置所まで歩いて帰る途中、付き添いの職員が、

「杉山よ、やらないんなら、はっきり筋道を立てて検事さんに話した方がよい」

と言ってくれました。

帰ってすぐ、職員がノートをもってきてくれましたので、私はそれから書き始めて夜九時ころまでかかって、警察で認めた理由などを書き終わりました。

一二日、そのノートをもって有元検事のところに行きました。有元検事はノートをじっと読んでいましたが、読み終わると、

「よし、君の言っていることは嘘とは思わない。君の亡くなられた両親にも、この事件は自分の犯行

ではないと誓えるな?」

と言ったので、私は、

「はい」と答えました。

すると、有元検事は、

「よし、それでは、調書を作ってやる」

と言って、次の一三日に調書を作ってくれました。

私の無実を主張する調書を作成してくれたということは、検事さんが少しでも自分の無実を信じてくれたのだろうと考え、嬉しさがこみあげてきました。

一三日の夜、検察庁から四人ぐらい人がきて、私を裁判所へ連れて行きました。そこで裁判官から暴行、傷害、恐喝事件が起訴になったと言われました。

一四日、拘置所の職員がその起訴状と、強盗殺人事件は釈放という書類をもってきたので、私の指印を押しました。

竜ヶ崎の男たちも、この話を聞いて一緒になって喜んでくれました。強盗殺人の犯人にされなくてよかったと、私もほっと安堵の気持ちでした。

この日をもって接見禁止もとけ、面会もできるようになりました。

一七日の夜、有元検事が事務官を連れ、突然拘置所に調べにきました。そこで私は、警察の取り調べの不当性を訴えました。一三日付けの調書よりくわしく私のアリバイなどについて話し、調書に作成されました。

二二日夕方、検察庁から呼び出しがあり、歩いて行くと取り調べではなく、私が警察で認めた理由を書いたノートの押収品目録交付書という書類に指印を押しました。

その後、二、三日して、有元検事から呼び出しがかかりました。

「君の今日まで言ってきたことは、君の目を見ていると嘘だとは思えない。しかし、起訴するかしないかは、私一人の判断ではどうしようもない。上司が相談して決めることだ。しかし、もし起訴になったとしても、このノートを証拠として提出するから、君はこの事件には関係ないんだと真実を述べればよいんだ。私の方は原告といって、法廷ではやったんだ、やったんだと主張するんだが、そんなことは気にしないで頑張るように。君、こんなこととすれば、間違いなく死刑だよ。私がここからいつも君のことを監視していると思って、真面目にやるように」

と有元検事が言いました。そして、

「これで、調べは一応終わる」

私はこの言葉を聞き、嬉しくて涙がこみあげてきました。

検察庁から拘置所まで歩いて帰るとき、付き添いの職員も、

「よかったな」

と言ってくれました。

舎房へ帰っても、安心して、やっぱり検事さんは真実の主張を聞いてくれた。警察とは全然ちがう、これでもう私の強盗殺人に対する調べは完全に打ち切られたと思って、安心して毎日を送っていました。

5

土浦拘置支所にいる間、二度警察官がきたことがあります。

日付けは忘れましたが、富田という刑事ともう一人名の知らない取手署の刑事の二人がきて、私の頭髪を抜かせてくれと言い、髪の毛を数本抜いて封筒に入れてもって帰りました。

二度目は、これも日付けは忘れましたが、県警本部の渡辺警部、森井、大木と運転手の四人がきて、私を拘置所から連れ出し、布川の利根川原に連れて行き、私の自供調書に出ている「新聞包みと黒い財布を川に投げすてた」という箇所に関して、検証をさせられました。

私は手錠をかけられたまま、川原に立たされ、私たちより前にきていた一〇数人の刑事たちに、

「ここへ立て」

「今度はこっちだ」

と言われ、写真をとられました。

後でこの件に関し、有元検事から、

「君は今日、布川へ行って検証をしてきたそうだね。君はやってないと言っているのに、なぜ、検証なんかしてきたんだ?」

と言われたので、私は、

「前にも検事さんに言ったとおり、警察は真実を言っても信用してくれない。検証だって、むりやり私を川原に立たせて刑事たちが勝手にやったんです。私は警察は警察、検察は検察と別々に考えている

んです」

と答えました。

一二月一日、叔父と従兄弟が面会にきてくれ、私は、

「強盗殺人事件の方は、釈放になった」

と言うと、叔父たちも喜んでくれました。

面会の後、舎房に入ると、すぐ拘置所の職員が呼びにきて、

「出られるんだ。荷物をまとめて全部持って出ろ」

と言うので、私は、暴行・恐喝で起訴されているのにおかしいな、と半信半疑で出て行くと、事務所に大木と森井、その他にも二、三人の刑事がいて、

「警察へ送致だ」

と言うので、がっくりしてしまいました。

どこの警察へ行くのかなと思っていると、土浦署の留置場へ午前中に入れられました。なぜまた、警察署に移監されたのだろうと私は疑問をもちました。

その後すぐ、大木、森井の二人の刑事に調べられました。最初の二日間は、例の暴行、傷害の三件についてでしたが、三日目から強盗殺人について調べるというので、私はその取り調べは終わったものと思っていたので、びっくりしてしまいました。

「なぜ検事に否認したのか?」

その点が、調べの中心でした。

「杉山、だいぶ気持ちがぐらぐらしているらしいな。検事さんのところで、ごねてみたんだな」

と森井が責め、私は、

「やらないものは、やらないいんだ。警察では俺の言っていることを信用してくれないから、有元検事さんに本当のことを話したんだ」

と突っぱねました。

「そんなこと言っても、通らないんだ。もう桜井は取手署で杉山にひきずり込まれてやったと、自供している。このままだと、桜井の言いなりになってしまうぞ。早く謝った方が得だな」

「昌司は昌司、俺は最後まで闘うんだ」

「そんなことで通ると思っているのか。いくら否認しても駄目なんだ。弁護士だって、証拠の前には頭を下げるしかない」

「俺の言ってることが真実なんだ。通らなければおかしい」

「俺たちは調書をとるまで、いつまでも調べなくてはならないんだ。それが商売だからな」

私は毎晩、遅くまで調べられるので眠くなり、

「話すことはないから、早く寝かせてくれ」

と立ち上がると、大木が私を押さえ、椅子に坐らせました。

こんな押し問答をしている間に、森井は勝手に調書を書いて、読みもしないで、ただ署名指印をしろと強要しました。

私は拒み、時間はどんどん過ぎ、夜中酔っぱらいが一人保護されてきて大きな声でどなっていました。

私はどうしたらこの不当な取り調べから逃れることができるか思案しましたが、何を言っても刑事はただ署名指印しろの一点ばりでした。

「酔っぱらいがうるさくて頭が混乱しているから、明日にしてくれ」

「そんなことは駄目だ。今日決めちゃったほうがいい」

森井がそう言い、大木がまた立ち上がろうとする私を押さえて、むりに坐らせ、

「早く署名指印しろ」

と迫りました。

私は指印を押せないように左手をそばのストーブに突っ込んでしまおうかと、何度思ったか知れません。

しかし、とうとう私の気力も空腹と睡魔には勝てず、三通の調書に署名指印させられてしまいました。

一二日、いつも通りの取り調べがありました。このとき、森井が、

「今日、今から検事さんの調べをやるからな、よく話して謝るんだぞ。否認なんか、するなよ」

と言い、大木も、

「検事さんによく頼んでおいたからな」

と言いました。

検察庁ではなく、土浦署の二階の特別室へ連れて行かれ、そこは警察官の制服などが置いてあり、更衣室のような感じでした。

部屋に入ると、顔の知らない検事（後に吉田検事とわかる）と事務官の二人がいました。

「手錠はどうしますか？」

と刑事が聞くと、

「片手だけ、はずしてよい。あとは腰縄をかけて、椅子に縛ってください」

と言い、その通りにされました。

検事は、のっけから、

「言いたいことがあったら、言ってみろ」

と言うので、

「強盗殺人はやっていない」

と言いました。

「それじゃ、やってないという理由を言ってみろ」

「事件のあったという日は、東京にいて映画を見ていた。布川には全然行ってない」

「それが二八日だという根拠はなんだ？」

「二九日に利根町羽中で、羽田というオヤジを私と伊藤章、伊藤四郎の三人で殴った日の前日です」

「それだけか、そんなことぐらいじゃ、世間の人に信じてもらえない、有罪になるぞ。お前は東京にいた、それでは布川にきて事件を起こしたのは誰だ、誰なんだ。私はお前以外に犯人がいるとは思えないし、また思わない。布川にきたのはお前の幽霊か、布川で二八日にお前を見た人がいるんだぞ」

この検事は頭から私を犯人だと決め込んで取り調べを行いました。

有元検事が強盗殺人については調べを終わると言っていたのに、毎日森井と大木から自白を強要され、また今度は新しい検事にも自白を強いられ、これから先、いったいどうなるんだろうと心配になってきました。

そして、これでは後は裁判しか私の真実を述べる場所はない、裁判になれば私の無実の主張が通るだろうと思い、とうとう吉田検事に認めさせられてしまったわけです。

——年の瀬も押しつまった一二月二八日、杉山卓男と桜井昌司の二人は、水戸地方裁判所土浦支部へ強盗殺人の罪で起訴された。

第二章　公判

1

年明けて、昭和四三年二月一五日、第一回公判が開かれた。

公判は検察官、弁護人出廷のうえ、被告人に対する人定質問からはじまる。出頭している人が起訴されている本人に間違いないか、本籍、住所、氏名、年齢、職業を型通り尋ねる。

直ちに、検察官の起訴状朗読に入る。

「被告人桜井昌司はビルの清掃夫として働いているものであり、被告人杉山卓男は定職のないものであるが、いずれも競輪に興味をおぼえ、その資金にこと欠くにいたり、たまたま昭和四二年八月二八日午後七時二〇分頃、茨城県北相馬郡利根町所在栄橋たもとで出会った際、互いに金策の話し合いをするうちに、他から金を借りることになり、桜井の知り合いである布川二五三六番地玉村象天方に赴き、桜井において同人に借金を申し入れたがすげなく断られ、やむなくいったん栄橋付近に引き返したものの、競輪の資金を捻出することをあきらめきれず、どうしても玉村から金を借り受けようと決意し、再び打ち揃って玉村方を訪れ、まず桜井において同家の勝手口から屋内にあがり込み、同人に対し借金を申し入れたところ、まったく相手にされず、これを拒否されたため憤慨し口論となり、その様子を勝手口の外から目撃した杉山においても玉村の態度に憤慨して屋内にあがり込み、玉村に対し借金の申し入れに応ずるよう申し向けたが、却って帰れと拒絶されて益々憤慨し、ここにおいて被告人両名は金欲しさのあまり、この際むしろ同人を殺害してでも現金を強取しようと決意し、共謀のうえ同日午後九時頃、同家八畳間において、同人を仰向けに押し倒し馬乗りになって押さえつけ、タオルおよびワイシャツで両足を緊縛し、口に布を押し込んで閉塞し、頸部に布を巻き両手で扼し、よってその場において同人を気管閉鎖による窒息死にいたらしめてこれを殺害したうえ、八畳間の押し入れ等から同人所有の現金合計一〇万七〇〇〇円を強取したものである」

起訴状朗読が終わると、裁判長は被告人に対し、黙秘権があること、言いたいことがあれば言ってもよろしいと告げ、しかし、その供述は被告人の利益となる証拠ともなれば、不利益な証拠となることがあることを告知した。さらに、起訴状について被告人に述べたいことがあるかどうか、罪状認否が行われた。

この起訴状に対する意見陳述で、桜井、杉山の両被告人は捜査段階における自白を翻して、起訴事実を全面的に否認したのである。

この事件には、冒頭に述べたように、二人の被告人と犯行を結びつける物的証拠がまったくない。犯行現場に被告人たちの足跡や指紋など、直接証拠はなに一つとして発見されていない。被告人二人を犯行当日、現場付近で見かけたという証人が何人かいるにはいるが、果たしてその日であったかどうかは判然としない。

従って、訴追側にとって犯行を立証するには、被告人二人の自白調書がもっとも重要な証拠であり、その補強証拠として物証を欠くために、あやふやな目撃証言に頼らざるを得なかった非常に危険な事例なのである。

端的にいえば、被告人たちが有罪か無罪か、この事件の判断は、自白が任意になされたものか否か、任意性の有無、自白に証拠調べの対象としての資格があるか否か、証拠能力の有無にかかっていると思う。そして、自白が真実か虚偽か、その信用性も裁判の最大の争点となり、事件を検証するに当たっては、次の諸点も判断のガイド・ラインとして念頭にとどめておく必要がある。

まず、目撃証言なるものは、

「通常、ある種の暗示に服する弱点があり、きわめて信用のおけない不確実な種類の証拠」であり、「ほとんどの場合、単なる捜査の手がかりに過ぎないと考えるべきである」（マーシャル・ハウツ）こと。

「自白は、あらゆる供述証拠のうちで、もっとも証明力の薄弱な、また、もっとも疑わしいものであって、策略、恩恵を与えること、あるいは脅迫などによって得られやすいものである。そして、明瞭に記憶されること、また、正確に報告されることはきわめて稀であり、その性質上、他の反対証拠によって、その証明力を否定することのはなはだしく困難なものである」（ウィリアム・グラッドストーン）こと。

杉山は当初から一貫してアリバイを主張し、桜井も被害者が殺された当日現場にはいなかったと述べている事実、アリバイなしとするについては検察側に挙証責任があり、どちらかわからない場合には、被告弁護側に有利に解されなければならないことも忘れてはならない。

なぜ二人が疑われたのか、その根拠についても考えてみるべきであろう。冤罪事件にあって、罪を着せられてきたのは、常に社会の底辺にある弱者たちなのだから。

二人が逮捕されて自白を始めてから捜査本部が解散するまでの約二〇日間に、警察が作成した自白調書は三〇余通もあるが、要点をなるべく原文に近い形でまとめてみた。

2

供述調書

住所　不定
職業　ビル清掃業
氏名　桜井昌司
昭和二二年一月二四日生

右の者に対する強盗殺人被疑事件につき、昭和四二年一〇月一五日取手警察署において、本職は、あらかじめ被疑者に対し自己の意思に反して供述をする必要がない旨を告げて取り調べたところ、任意次のとおり供述した。

出生地は、栃木県塩谷郡です。教育は、高等学校一年中退で、前科はありません。家族は四人、父は毎日東京に通ってビル清掃業をやっており、母も毎日東京へ行商に行っています。兄はバーテン、妹は商店の店員をしています。

昭和三七年に布川中学を卒業、竜ヶ崎第一高等学校に入学しました。

八月の夏休みのとき、父に連れられて東京都庁にビル清掃に行って一日五百円ぐらいになったので、新宿辺りで遊びをおぼえ、学校へ行くのが嫌になって無断欠席しているうちに、退学になってしまいました。

三七年一〇月ころ、神田の硝子店に住み込みで働いたが、仕事が嫌になり、やめて家へ帰ってきました。

三八年二月ころ、同じく神田の薬品商会に勤め、六か月ほど働いた。しかし、オートバイを無免許で運転して怪我、入院して休んだので行きづらくなってやめてしまいました。

三八年八月ころ、取手の製氷会社の社員となり、通勤。冬、暇になって東京の本社へ転勤、板橋の寮に住んでいるときに、アルバイトでビル清掃をやったことのある北区上十条の服部一雄さん（五〇歳ぐらい）方へ遊びに行くようになり、製氷会社をやめました。

服部さんの家へ住み込み、ビルの清掃をやっていたが、そのころ、小石川のホテルへガラス拭きに行って金を盗み、いづらくなって郷里の友達を頼って大阪に行きました。

新聞広告で、京都の酒店に住み込み、九か月ほど働いたが、本年四月ころ、得意先の金を集金して二万円ほど持って逃げ、東京の服部さんの家へ戻って、ビル清掃をやっていました。

また、ビルのガラス拭きをやっていた先で金を盗んで、七月ころやめてしまい、それからぶらぶらしています。

家にも帰れないので、東京山谷や池袋の旅館に泊まったり、友達を尋ねて泊まり歩いていました。

今回、私は、利根町の杉山卓男と昭和四二年八月二八日の午後九時ころ、布川の大工、玉村象天の家に金を借りに行ってもつれてしまい、杉山と二人で象天さんを殺して金を奪ってきました。

私は悪いことをしたと気がつき、そのことについて、正直に申し上げます。

八月二七日の夜は、布川の同級生で、明大生の渡辺民弥の家に行って泊めてもらいました。

翌日午前九時ころ、自転車で布佐駅前に行って加藤自転車屋に自転車を預け、駅へ行きましたところ、柏の方で列車事故があったと聞き、成田回りで東京へ行くつもりでした。

駅で利根町の高校同級生山下と、元町長の娘の姿も見ました。

午前九時何分かの汽車に乗って、成田から京成で上野に行きました。正午近いころでした。上野で浅草橋の貿易会社に勤めている同級生の鈴木さんに電話をしてみますと、

「今着いたところ。遅くなっちゃった」

という話でした。

それから、常磐線ホームに行って、正午ちかいころの電車で松戸行きに乗りますと、発車した直後に、開通したから取手行きに変更しますという知らせでした。

午後一時ころ、我孫子駅に降りてみますと、利根町から東京に通っている若山馨（二三、四歳）に会いました。

昨日、布佐の質屋へ自転車を友人に頼んで持って行ったんですが、身分証明書がなくて断られてしまい、取手競輪で金を使いたかったもんですから、なんとしても自転車を質に入れて金を作ってみたかったのであります。

それで、若山さんに頼んだのですが、はじめは断られ、「飯を食べらせっから」と言って、成田線に乗った汽車の中で身分証明書を借りました。

布佐駅で若山さんと別れ、預けておいた自転車を受け取り、駅前の石井質屋で質入れして、現金三千五百円を借りました。

隣の長谷川食堂に寄って、テンプラ・ライス、スープを頼んで百三十円だかを払って、午後二時ちかいころ、店を出ました。

歩いて利根川の栄橋まで行って、橋のたもとで取手行きのバスを待っていますと、同級生の鈴木定夫がオートバイの後ろに荷物を積んで通りました。鈴木の帰りのオートバイに戸田井の橋の先まで乗せてもらい、それから大利根交通のバス停留所まで歩き、バスに乗って取手に行きました。

上根辺りの利根の堤防の下で、警察の人にバスを停められて、私服の人が二、三人バスに乗ってきて、中を見ていましたが、

「いないや」

と言ってすぐに降りて行きました。

午後三時近いころ、取手駅東口に着き、ハイヤーで競輪場へ行きました。

「今日は列車事故で、発走が一時間遅れている」

と言っていましたが、中に入ったころは、七レースか八レースと思いました。

各レースを五枚ぐらい買ったのですが、みな負けてしまい、前日競輪場で五百円ほど借りた木村浩介に借金を返したりして、私の残りの金は、四、五百円ぐらいになってしまいました。

木村といっしょに競輪場を出て、取手駅で別れ、私は午後五時半すぎの電車に乗って、

「柏に行って、列車事故を見てくべ」

と思って、柏まで行きますと、途中右側の方に貨車が三輪ぐらいひっくり返っていました。

我孫子駅に戻ってきますと、成田線のホームに、杉山卓男と佐藤収がいました。

佐藤は新橋の方でやくざに殴られたとか言って、左眼と思いましたが、眼帯をしていました。

杉山の支度は、茶っぽいズボンに薄茶色のレースの半袖シャツ、雪駄履きでありました。

佐藤は黒ズボンに長袖白シャツ、履き物はわかりませんでした。別にそこではなにも話しませんでした。

午後六時四〇分ころの下り成田線に乗りました。布佐駅に七時ちょっと過ぎに三人で降りました。

それから、駅前通りを真っすぐ行って、成田街道を横切って橋の方に行く近道の石段を登って、栄橋を三人で渡ったのです。

佐藤は、家へ行くと言って、ひとりで帰りました。

私と杉山の二人になってから、土堤《どて》のところにバスが二台停っていた手前あたりのところで、時刻はまだ暗くならないころ、七時二〇分ころになったかと思います。

杉山が私に、

「これから、どうすんだ」

と言うんで、私も明日競輪をやるのに金がないもんですから、

「そんじゃ、今から象ちゃんのところへ行って、金を借りてくるか」

と話しかけると、杉山も、

「そんじゃ、行くべ」

と言い、約五分か一〇分の間に、象ちゃんから借金する相談ができあがりました。

象ちゃんは、布川の駐在所から二軒ぐらい南の方で、ドブ川を後ろにした家でひとり暮らしで、大工をやっていて、金をいっぱい持っていて金貸しをしていると、世間話で聞き知っていたのです。

舗装道路の坂道を下りて、バス通りを通って、横町バス停留所のところを左へ曲がって二人で並んで歩いて行きました。

玉村の家へ着いたのは、いくらか薄暗くなっていく時刻で、午後七時三〇分ころになっていたと思います。

杉山は門口のところに立っていて、私が象ちゃんの家にひとりで先になって庭に入って行きますと、入口に近い辺りに古い自転車が家に乗り入れたように、ハンドルが先の方を向いて立て掛けてありました。

象ちゃんの家の中は電気がついて、きているなと直ぐにわかったのです。玄関の前を通って、先に石が置いてあるところへ行って、石の上にあがって硝子戸を右の方に開けて、

「今晩は」

と声をかけました。

そしたら、象ちゃんが部屋の中から、

「はい」

と返事をして、白シャツにカーキ色のズボン姿で板の間に立っていて、

「なんですか」

と言って、私が立ったまま、象ちゃんが昔よく鶏舎などを作るとき手伝ってやった話をしているうちに、象ちゃんは板の間に坐ったので、私も腰をかけて、

「今、景気どうだい」

というような話をしたら、

「まああだ」

というようなことを言っておりました。

そして、私が、ここらでもうそろそろ借金の話を出してもよいと思ったので、

「象ちゃん、五、六千円金を貸してくろ」

と言ったら、

「今、そんな金貸しなどしていない」

と言うんで、私はなんにしても明日競輪をやる金が欲しかったもんですから、

「そんなこと言わないで、なんとか貸してくろ」

と言うと、象ちゃんは、

「駄目だい、駄目だい」

と断るんで、

「そんじゃ、どうも済みませんでした」

と言って、一五分くらい話をしていたと思います。

いったんは諦めて、象ちゃんと別れて庭を通って表へ出ますと、杉山は象ちゃんの家の入口の辺りに

立って待っていました。

また二人で土堤の方に戻り、栄橋の下を上流、下流行ったりきたりぶらぶら歩きながら話しました。

「どうしても、金借りられなかった」

と言うと、杉山は、

「頭にきちゃうな。仕様がないから、もう一ぺん行くべ。そうして、なんとか借りべ。絶対大丈夫だから、いいから、行くべ」

と言うんで、私ももう一回行って、なんとか象ちゃんに金を借りべと思い、行く決心がつきました。もし、金を借りられなければ、近くの渡辺の家に泊めてもらうかな、と考えていただけで象ちゃんを殺してまでも金をとってくるという考えはありませんでした。

それから栄橋の下流のところから土堤に上がって、舗装道路の坂道を少し行って車寿司の脇の道を通り、麦丸屋の支店の前を通って四つ角に出て右に曲がり、大通りを横切って、私が先になって、杉山はすぐ後についてきました。

時刻は、時計を持っていなかったもんですから、はっきりわかりませんでした。だいたい私の感じでは、午後八時過ぎていたころじゃないかと思いました。

硝子戸を右に開けながら、

「今晩は」

と声をかけたら、象ちゃんが中で、

「誰ですか」

と返事をしたので、私が、

「ああ、俺だが」

と言いながら、板の間に上がったんです。

象ちゃんは奥の座敷から立って、硝子戸を開けて顔を出し、

「またきたのか」

と言って、

「どうせ駄目だよ」

と言うんで、私が入口で、

「話だけでも聞いてくれ」

と言うたら、象ちゃんは、

「しつっこい」

と言いました。

そのとき、杉山も、私が上がったところから上がって板の間の私の左側にいましたが、二、三歩歩いて行って、杉山も象ちゃんを知っているらしく、

「象ちゃん、俺だよ」

と言いながら、座敷の方に入って行ったんです。

象ちゃんは、

「お前ら、きたって駄目だよ」

と部屋の中に立っていて、体ひとつ出るくらい硝子障子を開けて、顔を出して言ったんです。

それで、杉山は、象ちゃんが顔を出していた東側の方の硝子障子を開けて、

「なんだ、この野郎」

とあまり大きい声でなく言いながら、入口に立っていた象ちゃんの顔を右手の拳固で一つ殴って部屋の中に入って行ったんです。

杉山が象ちゃんを殴っている音が、板の間に立っていた私にも聞こえてきて、そのうちに、がたがた音がして、

「人殺し！」

と象ちゃんが怒鳴ったんで、私が急いで開いていた東側の硝子障子のところから八畳間ぐらいの部屋に入って見たら、杉山は、象ちゃんを部屋の入口あたりのところで押し入れの前あたりに頭を向けて、象ちゃんを仰向けに倒して、腹のあたりに両足をまたいで馬乗りになっていて、体を押し付けていて、杉山が、

「足、足」

と言うんで、私もいっしょになって象ちゃんを殺しても金をとってやれ、という気になってしまい、象ちゃんが倒れている部屋の中を見渡すと、部屋の左側の方の壁の上に釘に引っ掛かっていた白いワイシャツがあったので、急いでそれをはずしてきて、象ちゃんが倒されている左側の方に近づいて行って、中腰になって急いで、ばたばた両足を上げて畳の上であばれていた両足をいっしょにして、ワイシャツを上から回して下に通し、二重ぐらい回して、上でぎゅうと縛ったんです。

杉山はその間に、象ちゃんの口の中になにか白っぽいものを入れていました。象ちゃんは私が足を縛っても苦しそうに、体を動かしたり、縛った足を横に動かしていましたんです。それで、杉山が、象ちゃんの顔のあたりいっぺん拳固で馬乗りになっていて殴ったんです。

そうしたら、象ちゃんは足がすくんで、動かなくなってしまいました。

象ちゃんの動かなくなった姿を見て、杉山も馬乗りになっていたのを下りて、象ちゃんの死んだ右側に立ったんです。

杉山はそのとき、なにか右手か左手に白っぽい小さい布切れのようなものを持って立っていました。

象ちゃんは、白いシャツを着て、カーキ色のズボンを履いて、仰向けになって畳か床か落ちたように低くなったところで、死んでいました。体のまわりになにかあったか、興奮していたので思い出せませんでした。

そのうち、杉山が、

「やばいぞ、やばいぞ」

と言うんで、私は死んだ象ちゃんの姿を見て、膝ががたがたしていましたが、元気をとり戻して、部屋の中はなにも探さないで、急いで上がった板の間の方にきて靴を履き、庭先に出て玄関の前あたりにきたころに、部屋の中で、ごつうん、となにか倒れたような、割れたような音が聞こえました。

それから、急いで大きい道を横切って、どぶ川べりの道を西へ向かって一五、六メートルくらい行ったあたりだと思います、杉山が後ろから駆けてきていっしょになりました。駆け足で、二人で杉山が先になって、車寿司の前まで逃げて行きました。

土堤に上がる途中で、杉山が手に持っていた財布を見せました。

財布は白っぽい布でできていた、今あまり見たことのないような、三つに折ると幅一五センチぐらい、長さ二〇センチぐらいあるかと思う大きさの財布でした。

財布の手前の折ったところから、千円札二枚出して見せ、中の袋からバラ銭で九百円くらいと、ほかに百円札二枚くらい入っていました。

杉山は金を出して見せ、

「これだけしかないや」

と言っておりました。

私はおっかなくなってしまい、

「そんなのいいから、早く行くべ」

と言って、二人で栄橋を渡って、橋のたもとから石段をり、真っすぐ成田街道を横切って、駅前通りを歩いて布佐駅まで逃げました。

私は本当に申し訳ないことをしてしまいました。今はなんとも言い表せないような済まない気持ちで胸がいっぱいです。

明日またよくお話しします。

桜井　昌司　指印

右のとおり録取して読み聞かせたところ誤りのないことを申し立て署名指印した。

前同日

取手警察署派遣
茨城県警察本部刑事部捜査第一課司法警察員
警部補　早瀬　四郎　印

私が一〇月二六日の調べのときにお話ししたことですが、象天さんの八畳間から二人で金を奪って逃げ出すときのことです。

このことは杉山と約束ができていて、

「誰かやったようにしなくちゃなんねい」

という話になっているもんですから、本当のことが話せなかったのであります。

今日は細かにお話しします。

八畳間で金をとっちゃってから、杉山が、

「やばい、やばい」

と押し入れの前あたりで言い出したので、私は金を探していた下のロッカーの扉もばたっと返しただけで、よく締めたか、いくらか開いているくらいにして、杉山より先に四畳間の真ん中あたりに逃げてきたときに、杉山は八畳間から四畳間の方に出てきて、私の後ろで、

「なんとかしなくちゃ」

と言うんです。

私はその意味が急にはわかんないんで、板の間まで出て行ったら、後ろからきた杉山が、

「誰かやったようにしなくちゃなんねい」

と言うので、私が、

「裏の方から誰か入ったようにするから」

と言ったら、杉山は、

「おうー」

と、そうしろという意味のことを言ったのです。

それで、私は前回申し上げているように、便所へ入って行ったのです。扉を閉めて窓を開けて見たら、外に木の桟が二本打ちつけてあるんで、これをなにかで壊そうと思ったんです。北側の端の方の桟の上の方に両手をかけて押してみますと、桟の上側の方が片方はずれたんです。

まだ桟の下側の方がくっついているときでした。部屋の中で、

「ごうんー」となんかにつまずいて硝子が割れたような、「がちゃん」というような音がしました。

私はこの音を逃げ出すときに玄関の前あたりで聞こえたんだと、いったん言い出してしまったから言いづらくなってしまい、杉山との約束もあるもんだから、「ごうんー」という音は玄関の前あたりで聞いたというように、一〇月一五日の調べのとき申し上げて嘘を言っていますが、実はこの音は便所の中で桟を壊しているときの音であります。

それで、私は便所の扉を左に押し開けて、顔を出してみたら、杉山が板の間あたりに出てきていました。私が、

「どうしたんだ」

と聞いたら、なんにも言わないで、

「靴、まわそうか」

と言うんで、

「おお、まわしてくろ」

と言って便所の扉を閉め、北側の上だけはずした桟の下側の方をはずすべと思って、左手で桟の上の方を持って右手の掌で桟を二回ぐらいぐんぐん押したら、下の桟がはずれたのです。

そのころ、杉山が便所の外側に回ってきて、

「靴、ここへ置くから」

と言ったのです。

窓の外の暗がりの中で、杉山が靴をもってきたことが、それでわかりました。

桟の上の方がはずれ、下の方は釘が打ってあってなかなかはずれませんでしたが、どうにか下側もはずれ、桟を下へ落として便所の外へ逃げ出したのです。

靴下のまま、便所の外の暗がりに飛び出して、地面の上を歩いて、窓下の木が立て掛けてあった手前あたりに置いてあった靴を持って二、三歩歩いてから、靴を履きました。

このことは、間違いありません。部屋の中でまた感じたことなど、よく考えてお話しします。


（四二・一〇・二八）

杉山卓男の司法警察員、検察官調書も多数である。これも要点のみを抜粋する。

3

供述調書

住所　不定

　無職

氏名　杉山　卓男

昭和二一年八月二三日生

右の者に対する強盗殺人被疑事件につき、昭和四二年一〇月一七日水海道警察署において、本職はあらかじめ被疑者に対し、自己の意思に反して供述をする必要がない旨を告げて取り調べたところ、任意次のとおり供述した。

出生地は、北相馬郡利根町です。教育は、高等学校二年終了です。

今年の八月二九日の夜、利根町の通称十字路で、友達二人と立ち話をしているところに、酒に酔った年齢四〇歳前後の男が通りかかり、私達に因縁をつけたことから、私達三人で、その男に対し殴る、蹴るなどの乱暴をしたため、そのことが警察にわかり、私は昨日警察に捕まり、調べをうけました。

その後、今年の八月二八日の夜に発生した大工さん殺し事件について、調べられましたが、先程上申書をもって申し上げたように玉村象天さんという方を殺したのは、私と私の友達の桜井昌司の二人で金をとるために殺したのです。このことについて、絶対どんなことがあっても、殺したということは話すまいと考えていたし、口約束もしておりましたが、調べの方から親切にさとされ、世間のみなさんに対し済まないという気持ちになり、そのためにも早く申し上げて、みなさんに安心してもらうと同時に、清算のあかつきには自分も更生しようと考え、いっさい申し上げることにいたしました。

事件のあった日は八月二八日ということをなぜ知っているかということですが、これは私と桜井の二人で殺した日ですから、忘れようとしても忘れられない日です。

その日の私の行動と、象天さんを殺したときの状況を順序を追って申し上げます。

八月二七日の夜は、利根町出身の私の友達で、東京中野でバーテンをしている桜井賢司のアパート光明荘に泊まりました。同じく利根町出身の電報局勤務、大川原一郎もいっしょに泊まりました。

二八日の朝は、午前九時ころまで寝ておりました。賢司がラーメンを作ってくれたので、それを食べました。午後二時ころまで、大川原が右の股に賢司に牡丹の入墨を入れてもらっており、私は見ておりました。二七日に始め、終わらなかったので、その日は電報局に電話して休んだと言っておりました。

入墨が終わってから、アパート近くの福野屋という食堂で食事しました。その後、賢司は大川原とどこかへ行ってしまい、私はひとりになってつまらないので、家へ帰ることにしました。

午後三時ころ、光明荘を出て野方駅に行き高田馬場、日暮里を経て、午後四時ころの取手行きの国電に乗りました。そのとき、手持ちの金は千円ぐらいです。

午後四時四〇分ころ、我孫子駅に着き、通勤から帰ってくるものがいたらいっしょに帰ろうと思って、六時ころまで成田線のホームで待っていました。

新橋の方で塗装をやっている佐藤に出会い、見れば目に怪我をしているので、

「どうした」と聞くと、

「殴られて怪我をした、慰謝料をとりたいから、いっしょに行かないか」

と誘われたが、断りました。

そこへ、桜井昌司がきて、

「取手競輪に行ってきた」

と言っておりました。

六時四七分ころの我孫子発の成田線の列車に乗り、布佐駅まで行き、三人下車しました。駅前通りを歩いて栄橋を渡り、利根川の堤防のところへ行きました。佐藤は自分の家へ帰り、私と昌司はバス停留所の方へ歩き、布川の方に曲がろうとした桜井に、

「今から、どうしようか」

と私が言いました。すると、昌司が、

「明日競輪があるが、金がないから、今から象天さんのところに行って、金を借りてこよう」

と言ったのです。

光明荘の部屋代がたまっている話は聞かされていたので、競輪の金と兄の部屋代にする金を借りるつもりだなと思い、私も布川にきたのは貯金をおろそうかと思っていた矢先だったので、いっしょに行って借りようと考えました。

「じゃ、俺もいっしょに行く」

と二人で出掛けたのです。

象天さんという人の名はそのとき初めて聞きました。昌司に連れられて行って、そこが象天さんの家と知ったわけです。

「お前、ここで待っていろ」

昌司はそう言って、象天さんの玄関の前を通って奥の方に行きました。午後七時ちょっと過ぎたころではなかったかと思います。

私は玄関の道路寄りの角で立って待っていると、玄関の方に大きな細長い石の踏み台があって、昌司はその上に立って中から出てきた男の人と話をしておりました。あまり話が長いので、私は退屈しのぎに、付近にあった石ころを拾っては、ドブの中に投げこんでいました。

二〇分ぐらいしたら、昌司が帰ってきました。

「駄目だ、借りられない」

と言うので、それから仕方なく、今きた道を逆に戻って、ぶらぶら栄橋の付近まで行ったのです。

「どうしても、金が借りたいか」

と昌司が聞くので、どうしようかと思っていたら、

「もう一回きてくれるか」

と言うので、そんなら強引にでも金を借りてやれという気持ちになって、

「行こう」

と言ったのです。

それで話がきまったので、二人で車寿司の脇から近道を通って記念館の脇の十字路に出て玉村さんの家に行きました。わかりやすくするため、見取り図三枚を作成しましたから、調書の末尾につけてください。

象天さんの家の玄関前から奥の方に二人で行き、私は玄関と踏み石の間あたりに立っていると、昌司はガラス戸を開けて、

「今晩は」

と声をかけました。

中は電灯がついていて起きていたらしく、

「誰だ」

「あー、俺だ」

「また、きたのか」

とやりとりがあり、昌司は象天さんが出てくるようすがなかったものですから、靴をぬいで中に入って行きました。

午後八時半か九時ころではなかったかと思いますが、奥の方で金を貸せ、貸さないと五分ぐらい怒鳴り合う言葉のやりとりを聞いていた私はかっとなり、頭にきてしまったのです。

「帰れ、帰れ」

と怒鳴る声に、少し家の中がガタガタ始めたので、

「よし、野郎殺しても金を盗ってやるぞ」

という気持ちになって、私も昌司が靴をぬいだ石の上に雪駄をぬいで家の中に入って行ったのです。家の中に入ったのは初めてで勝手がわかりませんでしたが、電灯の明るさで見ると、手前が板の間、その先に小さい室があってなにか置いてあって雑然としておりました。

奥の方に八畳ぐらいの部屋があり、象天さんはその座敷にいて、昌司は最初入った次の部屋で、ちょうど敷居を境にしてガラス戸を右の方に開けて、象天さんの胸倉を掴んで、

「貸せ、貸せ」

と押し問答をしておりました。

その様子を見た私は、すぐそばに行って、右足で座敷に立っていた象天さんの下腹部を蹴飛ばしてやったら、昌司が右拳で象天さんの顔面を一、二回殴ったのです。そうしたら象天さんは頭を羽中の方に向け、足を県道の方に向けて横に利根川の土堤寄りを向いて倒れてしまったのです。私は短気ですからなにか怒鳴りながら蹴飛ばしたと思いますが、忘れてしまいました。電灯は座敷と私達が最初入って行った先の部屋についていたと思います。

部屋の中は明るく、よく見えました。象天さんは昌司と私に殴られたり、蹴飛ばされたものですから、倒れて、

「この野郎ら、助けてくろ」

と怒鳴っておりました。

象天さんが怒鳴るものですから、私はそこで他のものにわかっては大変だと思って、殺してやろうと

決意してすぐ、横に倒れていた象天さんの上に馬乗りになって、大きな私の体で押さえつけたら、またもや、

「助けてくろ」

と怒鳴るので、口を塞いだのです。

昌司が私の右にいて、どこからか布の種類は忘れましたが、私に手渡したので、声を出させないようにするため口の中におっぺし込んだのです。なかなか口を開かないので、昌司は頭を押さえてくれたのですが、象天さんは力があるので、布をおっぺし込むまで割合暇をとりました。

そうしたら、象天さんは、足をバタバタ始めたので、仰向けになっていた象天さんの体の上から手を体なりにさせ、私が向きを変えて上から私の頭を象天さんの足の方にやって抱くようにして、暴れる足を両手で押さえたら、昌司が白っぽい敷布みたいな大きな布を持ってきて、膝より下あたりを縛ったのです。

再び向きを変えて、今度は手を動かされては大変なので、私が象天さんの体の上に馬乗りになって、両手を動かされないようにして押さえていると、昌司は象天さんの喉の辺を両手で押さえつけたら、一五分くらいしたらぐったりして、動かなくなってしまったのです。

象天さんが死んでしまったことがわかったものですから、手を離して、有り金を盗むことにしたのです。そのときの私の心理状態は、人を殺してしまったのですから、夢中同様でした。

敷布団が敷いてあって、その上に掛け布団が載せてあったのを見たので、公会堂寄りの前から、掛け布団を持ってきて、頭が少し出る程度に、二人で掛けたのです。なぜ、掛けたのかというと、死んだ人

の顔を見ながら、金を探すのが嫌です。自分の母が死んだときも、顔を見るのがとても嫌だったせいもありました。

それから、私は、恐らく金は畳の下においてあると思って、畳のようすを見たら、死体の枕元の方の畳が多少動いていたので、畳を持ち上げてみたら、床板が一枚分四センチくらい下がっていて、その中に幅二五センチくらい長さ一六センチくらい、高さ三センチくらいの白っぽいボール箱を見付けたのです。

半紙の半分くらいの大きさのもので、中に幅一八センチくらい、横一〇センチの二つ折りの黒っぽい布製財布を見つけたのです。一万円札、千円札で約十万円ぐらいあると見たのです。机やタンスは見ませんでした。この間、昌司は部屋内のタンスやその他を、かったてていました。

それで、私は、たんまり金が入ったものですから、逃げようと思って外へ出ようとしたら、昌司は私に、

「俺は裏から出るから、裏に俺の靴を回してくれ。そうすれば、犯人は窓から入ったように偽装できるから」

と言うので、私は最初入ったところから外に出たら、昌司はガラス戸を閉めたのです。

私は家の裏に回り、物置みたいな出っぱった建物の手前に、地上一メートル五〇センチぐらいの高さで大人一人が出られるくらいの大きさの窓があり、その下に靴を置いてきたのです。

県道の人通りの状態を見たら、誰も通っていないようすなので、すぐ県道へ出て、橋から気象台の方へ曲がって五メートルくらい入った知人の高須の家の脇のドブ寄りにいたのです。昌司がなかなかこないので心配していたら、五分くらい経ってきたのですが、ほんとうに昌司がくるまでの時間は長く感じ

ました。

土手を下りて利根川の畔まで行って、箱と財布は川の中に捨ててしまいました。盗ってきた金半分ぐらいを目見当で分けて、昌司に渡しました。昌司はタンスその他を探して見つけた金千円札みたいなものをもって、それがくしゃくしゃになっているのを見ましたが、二万円くらいあったように見えました。それから、布佐駅まで歩いて行って、上り午後九時五七分ころの列車で東京に行って、桜井賢司の家に行って泊まりましたが、我孫子か千住で昌司と別れました。

別れる前に、人を殺したことは絶対誰にも言わないことを約束しました。

罪の一切をざんげして、亡くなった霊に対し謝罪し、お騒がせした利根町の町民に対しお詫びしたい気持ちで申し上げたので、くれぐれも御寛大にお願いいたします。

杉山　卓男　指印

右のとおり録取し、読み聞かせたところ誤りのないことを申し立て、署名指印した。

前同日

取手警察署に応援派遣
茨城県警察本部捜査第一課
司法警察員
警部補　久保木輝雄　印

――私達二人は象天さんを殺すだけでなく、金をとるのが目的でありましたから、その後、部屋の中を金探しにとりかかり、私は象天さんの頭の先になっている押し入れあたりに金がしまってあると思って、探しはじめたのです。

その押し入れは幅一間でしたが、ふつうの押し入れみたいに襖なんかはなくて、柄物のカーテンがさがっていたので、それを右から左へ引っ張りあけてみたら、二段になっていて上の段には布団が折ってのせてあり、下の段は向かって右側の方が布団が三枚か四枚折って入れてあり、その左側にはボール箱だの木の箱みたいのがいくつか重ねてあったような気がしました。

最初にその押し入れの下の段右側の布団を手前の畳の方へ引っ張り出して、一枚一枚めくってみたら、下の方の布団を折った中に、縦一〇センチ、横一八センチくらいに折りたたんだ新聞紙があったので、札でも入っているのかなあと思って開いてみたら、黒くて厚い布の財布が出てきました。その財布は二つ折りになっていて、広げた大きさは縦二〇センチくらい、横一八センチくらいのもので、中には一万円札が三枚、千円札を一〇枚ずつまとめたものが七つくらい折らずに入っていて、全部で一〇万円だなと思ったから、それをすぐ元のように財布に入れて新聞紙に包み、奥のタンスの方を探していた昌司に、

「おお、これ」

と言いながら、見せてから、自分の胴巻きの中へつっ込んでしまいました。

その財布を見たとき、この金はかなり前から布団の中へしまっておいたものなんだなあと思いました。押し入れから出した布団は元のように押し込んで、これだけまとまった金があっては、後はこの家の中にはあんまり現金はないな、と思ったので、後は探す気にならずに立っていたら、昌司は奥の方の和ダ

ンスだの、洋服ダンスをあけて探していたが大分あわてていて、バラ銭を掴んだのが畳の上へ落ちるようでありました。

「ヤバイから早くしろ」

と私が言ったら、昌司は、

「後から行くから、俺の靴、裏の窓の方へ持ってってくろ」

というので、私だけ先に出て、昌司の靴を家に向かって右側脇の暗い方へ回ったら、そのとき昌司が中なら、

「ここだ、ここだ」

と声をかけたので、その下の地面へ昌司の靴を置きました。


（四二・一〇・二四）


――それから、私が最初調べをうけたころ、一〇万円の現金があった場所は死んだ象天さんの頭に近い畳の下にあった白っぽいボール箱だったと言ったのですが、それは適当なことを言ってしまったのです。

人殺しをやってしまったことを最初に私の口から話したばかりのことですから興奮していたし、殺して金を取ったということで話をすれば、相手は一人暮らしなんだから金を置いてあった場所などいいかげんなことでも済むと思って、細かいことまで思い出さずに、私が一人暮らしをしていたとき貯金通帳などを畳の下へ隠しておいたことがあるから、そんなことが頭に浮かんで簡単に申し上げてしまったの

です。

そういう適当な話をしてしまったので、それから後のことも話が合うようにしなければならなくなって、ボール箱は利根川の栄橋の袂から堤防をかけ下りて川の中へ投げたと言ってしまったわけです。本当は川の中へ投げたのは新聞紙と財布をいっしょにして丸めたものでありましたが、堤防の下の道から川の流れているところまで届いたと思うのです。私は人並み以上に遠くまで投げられる力はあるから、間違いなく届いたと思うのです。

財布と新聞紙は私が投げたところから、すぐには沈まないで遠くまで流れてしまったと思います。ボール箱を川へ投げた後、橋の袂へ上がるとき、堤防の中段のところで昌司に一〇万円の札のうち、四万円を分けてやったようなことも、私の口から言ったようにおぼえていますが、そんな嘘を言ったときの私の気持ちは、川へボール箱を投げた後すぐ金を昌司と山分けしたように言えば、話が簡単で面倒くさい調べをされなくてすむというふうに思ったからです。

今となっては私も細かいことまで隠さないで申し上げたのですから、自分のやったことを深く反省しています。

なんの怨みもない象天さんを殺してしまったことは、どうやって謝ってみても謝りきれないで、利根町の人たちをはじめ世間様を騒がせてしまって、ほんとうに済まないという気持ちでいっぱいです。

象天さんの冥福を祈って、私も真面目な人間になるよう気持ちを入れかえます。


（四二・一一・三）

4

以上の供述とは正反対な、犯行にはまったく関わりないとする調書もある。

次の二通の供述調書は、水戸地方検察庁土浦支部で有元芳之祐検事が杉山から録取した、いわゆる否認調書である。

私は本年八月二八日午後八時半ころ、布佐の玉村象天さんという人の家で、友人桜井昌司といっしょに玉村さんを殺し、現金一〇万円以上を強奪したという嫌疑で、これまで取り調べを受けてきました。

これについて、私が警察はもとより検察官に対しても、私と桜井の犯行であると申してきましたが、これはまったく真実に反しております。まず、八月二八日当日の私の行動について申し上げます。

これから述べることが、八月二八日の出来事だということは、その前後の関係からわかることで、後刻その日の前と以降のことについて詳しく申し上げる考えですが、今日は犯行当日といわれる二八日のことについて申し上げるのです。

二七日の晩、私は大川原一郎とともに、光明荘の桜井賢司の部屋に一泊しました。大川原は国際電報局に勤めており、その朝、

「月曜日だが、休んじまう」

と言っていました。カレンダーを見ますと、二七日は日曜日で、二八日は月曜日であります。

二七日の午前中から夕方まで、賢司が大川原に入墨をしてやりました。やった場所は左内腿で、描い

た絵は牡丹の花でした。

その晩、私は大川原といっしょに新宿で遊び、ビールを飲んだり、朝鮮料理を食ったりしました。

二七日の入墨は筋彫りだけで、二八日の朝から賢司がまた入墨を続け、昼過ぎに完成したと思います。済んでから、賢司と大川原といっしょにアパートのそばにある福野屋に行き、私はカツライスを食べました。代金一三〇円は大川原のおごりでした。

賢司は近くのバー・ジュンに勤め、二時か三時ころ店に出掛け、大川原も家に帰ると言って出て行きました。私はアパートに誰もいなくなってから洗濯をし、午後四時ころアパートを出て、住宅団地のそばにある風呂屋に行き、その後で丸常ホールというパチンコ屋で六時くらいまで一時間ほど遊びました。

そして、西武新宿線野方駅から新井薬師まで切符を買い、新井薬師駅から五〇メートルほど離れた薬師東映に入りました。

「クレージー黄金作戦」、北島三郎主演のやくざもの、もう一つは喜劇ものを上映しており、入ったときはやくざものの方をやっておりました。八時か八時半ころ、たばこを買うため、切符もぎりのおばさんに声を掛けて映画館を出て、たばこ屋でホープ四〇円を買い、また戻って映画を見ました。まだやくざものをやっていました。

当日の私の服装は、上は白のダボシャツ、下がダボシャツのズボンで、風呂道具はパチンコ屋から出て、アパートにおいてきました。切符もぎりのおばさんは三五歳ぐらいの女で、私がたばこを買いに出るころラーメンを食べており、帰ってきたときもまだ食べていました。

この映画館には二回行ったことがあります。最初はそれより一〇日ぐらい前で、午後七時ころから一〇時ころまで、安藤昇の出演する侠客道と、後なにか恋愛ものをやっていました。

八月二八日が、この映画館に行った最後です。「黄金作戦」は植木等が競輪をやったり、ラスベガスに行って博打をしたりするおもしろい話で、一〇時近くに終わり、光明荘に戻りました。

帰り着いたのは一時半ころです。それから週刊漫画かなにかを読んで、三〇分くらい過ごしました。午後一一時から半の間に、桜井昌司が下駄履きで赤いタオルを肩にかけ、酔っぱらって帰ってきました。桜井はいつもは無口ですが、酔っていたのでよくしゃべり、

「今日は布佐の駅まで会田瑞穂の車で送ってもらった。中野に帰ってから風呂に行って、帰りに兄貴のバー・ジュンに寄り、ジンを飲んだので酔ってしまった」

と話していました。

確かその日のことと思いますが、光明荘の並びのアパートのちょうど賢司の部屋と向かい合った女の部屋から、昌司が魚の缶詰を一つ盗ってきました。昌司がパンツ一つになって、こっちの窓から向かいの窓に渡り、部屋の中に忍び込んで盗んできたのです。午後一二時近かったと思います。その缶詰は賢司の茶箪笥のいちばん下に入れました。


(四二・一一・一三)


八月二八日は朝からずっと東京の野方付近におり、いっさい布佐の方へ帰っていないことについては前回申し上げました。さらによく考えてみると、申し落としたことがあり、これについて説明します。

二八日午後四時ころ、一人でアパートを出て風呂屋へ行き、帰りにパチンコ屋で六時ころまで遊んだと申しましたが、私はパチンコ屋からいったん賢司のアパートに帰ったのです。風呂屋へ行く前に洗濯

した網目の肌色シャツとパンツを窓に干したり、部屋の中を片付けたりして、三、四〇分過ごしました。そのとき、一人、男が賢司を訪ねてきました。二一、二から二五歳くらいの男で、鼠色の事務服を着て、黒っぽい鞄を持っていました。背丈一メートル七〇くらいのすらっとした感じの男でした。

「桜井さん、いますか」

と言うので、いないと答えると、

「丸井から集金にきたのだけど、桜井さんの働いているところを教えてください」

と言いました。

前々から賢司に集金なんかきたら断ってくれと言われていたので、

「桜井の勤務先は知らない」

と言うと、泣きべそをかいたような顔で帰って行きました。

それから、野方の駅へ出て、薬師東映で映画を見たのです。

昌司が午後一一時から半ころまでの間に、酔っぱらって帰ってきたこと、その後昌司が缶詰を盗んできたことも間違いありません。

（四二・一一・一七）

5

担当の有元検事が急に姿を消し、吉田賢治検事に代わったことはすでに述べたが、以下は杉山が逆送された土浦警察署で、吉田検事によって作成された調書である。

玉村のおやじの家に着いたとき、ガラス戸の前の庭に自転車が一台あったような気がしますが、はっきり記憶に残っていません。

家の中でガラス戸を外しにかかったのは昌司が先で、ガタガタやって外れないのを見た私は昌司のあとから昌司同様、隣の狭い四畳の部屋へ行き、そこで手を貸して二人で外しにかかったとき、すぐ外れなかったので頭にきた私は左足でガラス戸を狭い部屋の方に向かって一回蹴飛ばしたとたんに、ガラスが割れて落ちてしまったのです。

問　部屋はどちらも電灯がついていたのか。

答　そうです。

それからおやじの体は仰向けで死んでしまい、毛布を昌司に投げた後、あのとき昌司がおやじの体を動かしていましたから、体の向きが変わったかも知れません。昌司が体の下に毛布を敷くのではないかと思ったのです。寝ていたようにするつもりかと思いました。

問　君と昌司の二人でおやじの体を持ち上げ運ぼうとしたか。

答　していません。

問　君はおやじのズボンのポケットの中を探ったか。

答　探りません。

だから、ズボンになにがあったか知りません。缶詰があったらしいのですが、気付きませんでした。暴れているのを押さえつけたり馬乗りになったりしたのですが、缶詰には気付きませんでした。昌司はおやじの体にさわっていたようだから、気が付いたかも知れません。

問　君は捕まる前に、この事件の新聞記事やテレビを見たり、ラジオを聞いているか。

答　新聞はいっぺんだけ記事を見ました。九月四日ころ、サンケイ新聞の茨城版に事件の記事が載っていました。それには、あずきの缶詰があって、その缶詰の出所を警察が調べて、二人とも岡山県出身のパチンコ屋の店員と作業員の二人を追っているといった程度のことしか憶えていません。缶詰がどこから出たとか書いてなかった気がします。それで私は缶詰に気が付いていないから、なんのことかと思いましたが、その二人の野郎らが追っかけられてんのかなと思いました。俺たちのことはわかっていないと思ったのです。

問　世間のみなさんに迷惑をかけて申し訳ないと思っています。いちばん済まないと思っている人は、誰か。

答　被害者の玉村のおやじさんです。

問　その次は。

答　亡くなったおふくろです。

（第二回、四二・一二・一三）

問　君は警察の調べで白状し、有元検事の一回目の調べでも事実を認めながら、なぜ否認をはじめたのか。

答　それは土浦の拘置所に移監されてからのことで、移されて二日目のころ、自分が入れられた八房とは向かい側の斜め右、四房に凶器準備集合で竜ヶ崎の乱闘で入っていた岩崎弥太郎が私に声をかけてきて、

「桜井は検事さんに認めてないから、突っ張れ」

と言われ、それで桜井は否認しているなら俺一人認めたのでは悪いと思ったから、桜井の真似をして否認してやろうという気になったのが一番初めのきっかけでした。

その日はちょうど桜井が移監されて同じ土浦の拘置所へ入った日でした。自分でも今度の事件で捕まってから、人を殺したのだから、ことによったら死刑にされちゃうかも知れないが、しょうがないなと思いながらも、助かりたい気持ちでいたところへそんなことを言われたから余計に否認してやろうという気になったのです。それでも自分はもうそれまでの警察の調べで詳しくしゃべってしまった後だから、今更どう否認しても駄目かも知れないと思ったり、桜井が否認しているならなんとかなるかも知れないと思ってみたり、否認して逃げられるか半信半疑でした。

こんなことがあってから、運動で房から出たときなどにやはり竜ヶ崎の乱闘で入っていた連中が、

「突っ張れ」とか、

「もう人生は終わりだ」

「お前は体がでかいから、太い縄でやんないとぶっ切れちゃうな」

なんて脅すもんですから、よけいに突っ張って逃げてやろうと思ったのです。

問

連中が保釈で拘置所を出るとき、房の前へきて、

「なにか言っておくことはないか」

と言われたので、

「競輪場なんかで友達に会ったら、みんな面会にきてくれ」

と頼みました。

拘置所に移されて四、五日経ったころ、午前中の運動のとき、第三舎の全員が外へ出たおり、

「これ、桜井がよこしたぞ」

と言いながら、便箋を四つ折りにしたのをそっと手渡されました。

「杉山は警察でしゃべったから、俺もそれに合わせてしゃべった。杉山に引きずられてしまったんだから、俺は知らない。あの殺しは杉山一人でやったんだから、そう思え」

といった内容でした。

私はこれでは俺一人にかぶされちゃうからたまらない、俺も否認しなくちゃなんねえと思ったのです。

その他、先月一四日ころ、看守に連れられて土浦の裁判所に行ったおり、看守がいるのに、昌司は、

「俺には、アリバイがあるんだ」とか、

「缶詰、盗んだんだっけな」

と言い出し、看守にしゃべらないように止められていました。

では、なぜ、私に対し、ふたたび白状する気になったのか。

答　いろいろ聞かれ、八月二八日に合わせた映画見のことをアリバイに結びつけてみたけれど、とても通りそうもないから駄目だと考え、聞かれているうちに殺してしまった玉村のおやじさんに済まないことをした、亡くなったおふくろにも済まないと思ったから、白状する気になりました。

（四二・一二・一三）

以上の自白に加えて、検察官が大きな拠り所とするのは、目撃者の証言であった。

公判で検察側の証言予定者のリストが示されたが、最初のうちはまだ渡部一郎なる人物の名前は見あたらない。吉田検事が渡部証人の調書をとったのは、公判開始後の四三年三月一三日のことである。事件直後、何回となく行われた警察の聞き込みの際には、この人は捜査陣の注意をひいていない。第一回公判で被告人たちが犯行を否認すると、事件から数か月を経て、突然、

「被告人たちを目撃した」

という重大発言を行ったのである。

検察側が危機感を抱いていたときだけに、まさにタイムリーな出現であった。渡部証人の出現は救いの神と言ってもよく、捜査機関にとって事件の鍵を握る決定的証人であり、期待を一身に担う重要証人であった。

では、なぜ渡部は突如、このような重大なことを言い出したのであろうか。

「今度の事件で捕まった杉山と桜井の二人とも犯行を否認したということを、先月の中旬ころ、外交にまわった布川の得意先の何軒かの家で聞いたので、それなら私が知っていることを話そうという気に

なったからです。

と、彼は説明する。

「犯人が自白しているなら、他に証拠があまりなくても大丈夫だが、否認されると、それでは逃れてしまうのではないかと私は考えたのです。私としては、杉山も桜井もまだ若いのですから、できることなら罪にしたくないのですが、事実はありのままに話さなければいけないのではないかと考えたからです」

第三章　目撃証人

1

　玉村象天が殺害された八月二八日、犯行現場にはいなかったという桜井、杉山両被告人のアリバイ主張に対し、検察官は有罪の結論を導き出すため、次々に目撃証人を公判廷へ喚問した。

　事件の日、栄橋付近、布佐駅前、我孫子駅などでそれぞれ被告人たちを見たという青山和恵、伊藤誠一、角田史朗、海老原徹、高橋正成たちと、当夜犯行に近い時刻、被害者の家の付近で被告人たちを見かけたという渡部一郎である。

　青山証人は、

「常磐線事故（八月二七日午後七時一四分、柏、我孫子間下り線で発生）の翌日、朝は成田線経由で東京へ出勤し、帰りはいつも常磐線経由で、我孫子発午後六時四七分の電車に乗り換え、布佐駅で下りて、利根川の栄橋にのぼる石段にさしかかったとき、下りてきた二人の男と触れたようで、桜井昌司が、

『馬鹿野郎』

と言ったが、当時、伊藤は知らないし、角田はいっしょにいたと思うけれど、杉山は見かけなかった。それは桜井昌司に間違いなく、その後は昌司をみかけない」

（第四回公判）

伊藤証人も、

「事故の翌日、東京からの帰りに角田といっしょになり、午後六時四七分我孫子発成田行き列車に乗ったところ、前から二輛目にいたとき、杉山がきたことを憶えている。布佐駅で下り、栄橋の石段を角田とのぼっていたとき、後からのぼってきた男がいて、角田が、

『あれ、力あるな』

と言ったところ、その男は振り向いてなにか言ったが、その際、青山はいっしょであったし、杉山も後ろの方にいた。

その男は顔を知っていたが、桜井という名のことは、一週間ほど後に杉山から聞いた」

（第四回公判）

角田証人、

「事故の翌日、帰りに布佐駅で下りて栄橋へ行くとき、杉山も青山もいっしょになり、石段をのぼりきったところで、男が下から駆けてきたので、

『脚力あるな』

と言うと、その男は、

『なんだ』

と言ったが、橋を渡りながら青山に聞いてみると、あれは桜井賢司の弟だと言われた」

（第六回公判）

海老原証人、

「事故の翌日、布佐駅で勤務中、夕方杉山が駅の外のベンチに腰かけているのを見た」

（第四回公判）

高橋証人、

「北千住から電車できて、午後六時四七分我孫子発成田行きの列車に乗ったが、我孫子駅で桜井が後ろから三輌目ぐらいの車輌のホーム側の後方に、杉山はホームで桜井と向き合っていた。

『今晩は』と言うと、杉山が、

『おお』と言った」

（第四回公判）

以上のような証言を、それぞれ行った。
これらの供述に対し、弁護側は、
⑴ 高橋のものは、八月三一日、
⑵ 伊藤、角田両名のものは、九月一日、
⑶ 海老原のものは、八月二五日、
のことで、それぞれ日を誤って述べたものと主張した。
弁護側の反対尋問では、伊藤、角田の二人は、
「その日は、九月一日だったかも知れない」
と述べ、角田証人は、

「脱線事故の翌日は、自動車で帰ったか、鉄道で帰ったか記憶がない。我孫子で乗り換えるとき、その日かどうかは不明だが、杉山と会ったことがあり、それは杉山が大山へ行った日である」

と、日の特定はしていない。

伊藤の供述も、

「八月二八日の帰りは、電車内で角田といっしょになった。そのとき、杉山や桜井がきたかどうかはわからない。前に警察では杉山と行き会っていると言われたので、それでは行き会っているのだろうと返事した。事故の翌日であるとの説明はしない。車内で杉山と会ったことはちょいちょいあるし、角田と二人でいたとき杉山がきたことは憶えがある。布佐で下りて角田、杉山と帰った。しかし、それがその日かどうか不明である。石段をのぼったとき、後方から上がってきたのがいた。それで角田が『あれ力あるな』と言った。その男は振り向いてなんとか言ってそのまま行った。桜井であることは後日杉山から聞いた。青山といっしょだったが、連れではなかった。自分が石段のところにいるとき、杉山は後ろにいた。石段のところで『力あるな』と言ったのは脱線事故の次の日かどうか、わからない」

というのである。

角田も、検察官に、

「そういう出来事があったのは、事故があった次の日の帰宅途中であるということではないかね」

と問われ、

「今ははっきりわからないが、前の調べのとき、そう言ったなら、そうと思います」

と答えた程度の記憶である。

青山がその日の出来事を「八月二八日」と述べたのは、弁護人の反対尋問に対して初めて言ったことで、検察官の主尋問に対してそうは述べていない。

「布佐駅下車後、帰宅までの間に知り合いの人に会いましたか?」

列車事故の翌日のこととして日を特定して検察官は尋問しているが、青山証人はこの問いには答えなかった。

「証人は、伊藤誠一という人を知っていますか?」

と質問されても、

「知りません」

と答えている。

また、桜井被告人の尋問に対して、

「その日が八月二八日と考えたのは、警察官が二人きて、聞かれたときです」

と述べ、伊藤や角田の名前を出したのは、青山が言い出したのではなく、

「警察官から出たもので、角田といっしょだったろうと警察官に聞かれ、角田といっしょに歩いていたので、そう答えた」

とのことである。

青山証人は、警察官が事情を聞きにきたのは桜井逮捕の前か後か忘れており、青山が警察へ行ったのは桜井逮捕後のことであって、その間は一〇日ぐらいではなかったかと述べた。

すると、警察官が事情を聴取した日は早くても九月末日ということになり、事件発生から少なくとも

三〇日以上経過した後に警察官二人から取り調べをうけ、そのとき、先程の出来事を八月二八日のことと考えたということになるわけだが、これだけ時日がたてば、証人の記憶が曖昧になるのは当然のことであろう。

2

昭和四三年一一月一一日、第一三回公判へ渡部一郎証人が出廷した。

年齢三八歳、職業クリーニング屋、住所は利根町布川である。被害者玉村の家の近所に店をもち、一〇年ほど住みついている。

最初は、検察官の主尋問である。

——証人は、被告人桜井昌司、杉山卓男両名を知っていますか。

「知っています」

——いつころから、知っていますか。

「桜井は中学生のころから、杉山は昭和四二年四月ころからです」

——被告人らの住所を知っていますか。

「桜井は利根町中田切ですが、杉山の方は知りません」

——証人の店へきたことがありますか。

「桜井も杉山も直接、店へきたことがあります」

――桜井はいつころから、客として店へ出入りしましたか。

「中学生のころからで、名前も顔もよく知っていました。店へは兄の方がよけいにきています」

――杉山が出入りするようになったのは、いつころからですか。

「思い出せません」

――証人は、本件の被害者玉村象天を知っていますか。

「知っています」

――同人が一人暮らしであることは。

「知っています」

――この事件をいつ、どういうことで知りましたか。

「昨年（昭和四二年）八月三〇日、町内の者たちがこの事件のことで騒いでいたので、知りました」

――その日に接近した日で、証人が日が暮れてから、玉村方の付近を通行したことがありますか。

「八月二八日の夜、通ったことがあります」

――時刻は。

「午後七時半過ぎころです」

――そのときの、証人の用件は。

「商売の品物を配達するためです」

――証人が店を出たのは何時ころ。

「午後七時一〇分ころ出て、最初に越中屋というガソリン・スタンドで私の単車に給油してから、利根町中田切の五十嵐さんのところへ品物を届けに行きました」

――ガソリン・スタンドで給油していた時間は。

「約二、三分です」

――そこから五十嵐さんのところまで、単車でどれくらい時間がかかりますか。

「一〇分はかからないと思います」

――五十嵐さんのところへ品物を置いて、すぐ戻ってきましたか。

「すぐ店へ戻りました。そして、今度はすぐ布佐へ行く品物を持って出掛けました」

――そのとき、店にいた時間は。

「一、二分ぐらいしかいません」

――それから証人はどこへ行きましたか。

「馬場通りから玉村さんの家の前を通って栄橋を渡り、土手を通って布佐の成山さんのところへ品物を届けました」

――成山さんのところは。

「栄橋を渡って土手沿いに東――川下の方へ行ったところで、距離にして栄橋から五〇〇メートル乃《ない》至《し》一〇〇〇メートルの間にあります」

――成山さんのところにどれくらいいましたか。

「品物を届けてすぐまた、その斜め前にある布佐モータースの坂巻さんの家へ品物を届けに行きました。このときは、坂巻さんのところでテレビを見せてもらいました」

――なんのテレビを見ましたか。

「ちょうど、『俺は用心棒』というテレビがはじまるところで、そこで三〇分くらい見せてもらいました」

――それから、どうしましたか。

「真っすぐ、店へ帰ってきました」

――駅からT字に交差する道を通って帰ったのですね。

「そうです」

――証人はその往復に舗装道路の本道を通ったのですか。

「そうです」

――最初、店から布佐へ向かって行ったとき、バイクのライトはつけていましたか。

「つけていました」

――被害者の玉村方前を通ったとき、人を見かけましたか。

「見ました」

――それは、一人ですか、それとも二人ですか。

「二人です」

――その二人を知っていますか。

「ここにいる桜井と杉山の二人です」

――その二人が桜井と、杉山であることはどうしてわかりましたか。

「私が単車で玉村方の前辺にさしかかったとき、桜井が振り返って単車のライトの方を見たので、私は桜井の顔を見たわけです」

——もう一人が、杉山であることはどうしてわかりましたか。

「杉山は道路の方を向いていたので、わかりました」

——（写真第二号、四号を示し）この写真のどの辺に被告人たちがいましたか。

「写真のトタンの前付近に桜井と、杉山の二人がいました」

——どのような位置にいましたか。

「家の前の溝をはさんで杉山が玉村方の方に、桜井が道路の方にお互いに向かい合って立っていました」

——証人の単車がどの辺に近づいたときに桜井が振り返ったのですか。

「私の単車が桜井のところへ二メートルぐらいの距離に接近したときに、桜井が振り返ったのです」

——そのとき、桜井は証人の方をじっと見ていましたか。

「桜井は私のライトの方に向いて、すぐ顔をもとに戻してしまいました」

——二人の行動について、記憶に残っていることがありますか。

「ありません」

——そのとき、そばに近づかなければ、二人の顔はわかりませんか。

「暗かったから、接近しなければ、顔はわかりません」

——玉村方の室内の電灯はついていましたか。

「憶えていません」

――証人は、お互いに声をかけましたか。

「かけませんでした」

――黙ってそのまま通過したのですか。

「そうです」

――証人はそのとき、どの程度の速さでそこを通過しましたか。

「時速約三〇キロくらいです」

――そのとき、二人の服装や持ち物などについて、記憶に残っているものは。

「ありません」

――帽子や眼鏡をつけていましたか。

「つけていなかったと思います」

――同じ道を通って帰りましたか。

「そうです。三つ角のところでバスを待っていた役場の山中さんに会い、それから玉村方の近くにある紀州屋という酒屋の前にきたとき、現場に二人の男がいるのを見ました」

――その二人の背丈は。

「一人は背の高い人で、他の一人は低い人でした。このとき、私はなにか不吉な予感がしたので、単車を停め、ちょっとバックして、豆腐屋の前で煙草を一服しました」

――証人は一服してから、どうしましたか。

「私はそこから東亭という飲み屋の路地に入り、そこで車の掃除をしているのを見ながら、さらに私は、道路に出たり、路地に入ったり、ジクザグしながら、玉村方近くまできて、そこを通過する寸前、玉村方の家の中からしめ殺すような声を聞きました」

――それは、どのような声でしたか。

「ちょうど、鶏を殺すような声でした」

――そこで、証人はどうしましたか。

「私は被害者玉村方の近くの四つ角の建物のところに車を停めて降り、玉村方へ行こうとしましたが、玉村さんは私の店のお得意先でしたし、またときどき実験をすることを聞いていたし、たまたま軽四輪車がやってきたので、私は行くのを止めて、真っすぐ店へ帰りました」

――証人が帰ったときの時刻は。

「私は先に見てきたテレビの続きを見ようとして、一〇チャンネルをまわしたところ、ちょうどニュースの終わったところでした」

――そのニュースの開始時刻は。

「時刻はわかりませんが、このニュースは、『俺は用心棒』の後にやるニュースと思います」

――さっきの軽四輪車は、どちらからきたのですか。

「公民館の方から、ライトをつけてきました」

――証人は、そこから帰宅までは、どこにも寄りませんでしたか。

「どこにも寄りませんでした」

——証人と被告人たちとの付き合いは。

「店のお客というだけで、付き合いはありません」

——証人と被告人たちとの間に、怨みや遺恨などは。

「ありません」

3

続いて、弁護人の反対尋問。

——証人の布佐からの帰り、玉村方の前に二人の男がいて、なにか不吉な予感がしたと述べていますが、その理由は。

「自分が脅かされるのではないかと思ったのです」

——その二人が誰かわかりましたか。

「わかりません」

——そのとき、煙草を一服したわけは。

「その二人から逃れるためです」

——証人が現場を通ったときに音が聞こえたのですか。

「そうです」

——そのとき、証人がちょっと現場の方へ戻りかけたわけは。

「玉村さんの家の方から聞こえたので、確かめようとして戻りました」

——どうして、確かめないで帰ったのですか。

「『俺は用心棒』というテレビでそういう声を出すこともあり、また玉村方では特許発明の実験をしていることを聞いていたので、もしかすると、その方の音かも知れないと思って、私は確かめないで帰りました」

——そのとき、軽四輪車がきたことと、証人が帰ったことと、なにか関係があるのですか。

「別に関係はありませんが、軽四輪車がきたので、私はなんとなく、それがきっかけとなって帰ったのです。この日、私のところに親戚のものがくることになっていたので、もしかすると、その車で帰ったのではないかと思いました」

——その後、証人はその音のことについて、他人に聞いて確かめたことがありますか。

「ありません」

——証人は本件に関して、警察で取り調べをうけたことがありますか。

「あります」

——それは、事件後、どれくらい経ってからですか。

「事件後、四、五日経ったころ、刑事が私の家へきました」

——どうして、刑事が証人のところへきたのですか。

「私の妻に、悲鳴を聞いたことを話したので、そのことで刑事が調べにきたのです」

——そのとき、証人は、今日証言したようなことを刑事に述べたのですか。

「このとき、私は後で証人に立つのが嫌なので、声を聞いた時間は午後九時過ぎだと、ごまかして言ってしまいました」

——日の点は、どうですか。

「時間はごまかして言いましたが、日の点はごまかしません」

——証人が乗っていた単車の名は。

「ヤマハ五〇ccです」

——その単車のライトの数は。

「一つです」

——布佐へ行くとき、被告人二人の顔ははっきりわかりましたか。

「近くで見て、はっきりわかりました」

——そのとき、被告人たちはなにをしていましたか。

「話をしている様子でした」

——そのとき、証人は単車のブレーキをかけたり、スピードをゆるめたりしたことは。

「ありません」

——帰りにまた、そこを通ったときにいた二人の男が、誰かわかりましたか。

「わかりません」

——証人は平素、家から布佐の方へ行くとき、どこを通りますか。

「私はいつも、玉村さんの前を通って行きます。この道は多少、遠回りになりますが、人通りも多く、通り慣れているので、いつもそこを通っています」

——証人は布佐へ行ったとき、証人の単車は道路のどの辺を通りましたか。

「道路の中央と、左端の中間付近を走っていました」

——証人は、被害者方前にいた人影を、どの辺で目撃しましたか。

「普通ならば気がつかないで通過してしまうところ、私の単車のライトの方に一人が振り向いたので、二人がそこにいるのに気がつきました」

——単車には、荷物入れかなにかのせてあったのですか。

「はっきりはわかりませんが、私はこのとき荷物を風呂敷包みに入れて持って行ったように思います」

——証人の単車には、店の名前が書いてありますか。

「書いてありません」

——ライトの方へ振り向いた人と、相対していた人が、杉山であることはわかりましたか。

「わかりました」

——二人の服装は。

「記憶ありません」

——桜井か、杉山が、証人に気がついた様子は。

「桜井がライトの方を見ましたが、私を見たかどうかはわかりません」

——証人は帰り、三つ角で、山中さんに会って挨拶をした後、紀州屋までは真っすぐに行きましたか。

「真っすぐに行きました」

——そこから被害者方までは、距離は。

「一〇〇メートル以上あると思います」

——そのとき、証人は前方に二人の男の姿を目撃して、不吉な気持ちになったのですか。

「そうです」

——二人はどの辺にいましたか。

「玉村方前の道路の反対側にこっちを見ていたように思います」

——二人は黙って見ている様子でしたか。

「なにか話をしている様子でした。それから背の低い方の一人が道路を横断し、二人は道路の両方に別れました」

——証人は、Uターンして、どれくらいの距離を戻ったのですか。

「私は向きを変えただけで、後を振り向いたときには、二人の姿は全然ありませんでした」

——一人の男が道路を横断するとき、その服装はわかりませんでしたか。

「車が二台とまっていて、陰になり、よくわかりませんでした」

——横断した一人が、玉村方へ入ったことは。

「よくわかりません」

——証人は夜間、単車で道路の左側を通っていて、道路の左端にいる人の顔の見分けがつきますか。

「それくらいの明るさはあるので、人の見分けはつきます」

――夜間、だいたいどの辺から見分けがつきますか。

「明るさにもよりますが、だいたい一〇〇メートルぐらい前方の人がわかる程度です。もし知っている人ならば、名前もわかります」

――桜井や杉山は、証人のことをよく知っていますか。

「知っています」

――証人と挨拶などは。

「今でも、会えば挨拶ぐらいしますし、実際してました」

――バス停留所のところで山中さんに会ったとき、誰か他にいましたか。

「二、三人の人が終バスを待っていました」

4

以下は、検察官の再主尋問である。

――証人は、本件で証人に立つのが嫌なので最初、警察の取り調べの際、時間などについてごまかしを述べたのですか。

「そうです。田舎町ではすぐ評判になり、商売にも差し支えるようになるので、証人になるのを避けようと思っていました」

――どういうことから、証人として出るようになったのですか。

「自分をこれ以上ごまかすことができなくなって、真実を述べました」

裁判長尋問

——証人の住んでいるところは。

「布川の新町で、馬場とは続いているところです」

——この日、証人が家を出てから帰ってくるまでの時間は。

「約一時間半くらいです」

——「俺は用心棒」というテレビの放映時間は、どれくらい。

「午後八時から八時五六分ころまでです」

——坂巻のところへ何時ころ行きましたか。

「午後八時ちょっと過ぎころです」

——帰りに二人の男の姿を目撃し、一人は背が高く、もう一人は低いと述べているが、どうしてそのことがわかりましたか。

「玉村の反対側にある木村方のブロック塀から、二人の背の高さを判断しました」

——そのとき、証人は右の二人は往きに見た二人ではないかな、と思ったことは。

「そう思いました」

——証人がその二人を知っているのなら、脅かされる恐れはないと思うが、どうですか。

「そうです」

──そのとき、なぜ、不吉な予感がしたのですか。

「私は以前、単車に乗っていて、酔っ払いにぶつかったことがあるので、そのときそのようなことを考えました」

──絞め殺されるような声は、どの辺で聞きましたか。

「玉村方の道路側の窓のところで聞きました」

──その声は一回だけですか。

「一瞬でやみました」

──最初、証人は刑事の取り調べをうけた際、時間の点について、どのように述べたのですか。

「私は刑事に午後九時一五分過ぎに悲鳴を聞いたと嘘を言いました」

──その後、証人はいつ、誰に、どのように言って訂正したのですか。

「約半年ぐらい経ってから、取手の警察で取り調べをうけた際、悲鳴を聞いたのは午後九時前だと訂正しました」

──取り調べをした人は検察官、それとも警察官ですか。

「よくわかりません」

被告人尋問
──去年（昭和四二年）八月二八日の夜、証人は私（桜井）をどの辺の距離から見たのですか。
「二メートルくらいの近さで見ました」

――その日、布佐からの帰り、証人は一〇〇メートルくらい前方から、二人の男を目撃したのですか。

「そうです。電灯の明かりで二人の男がいるのがわかりました」

――車が二台止まっていたところは。

「矢口肥料屋の前と、その手前に一台ずつ、普通貨物自動車が停車していました」

――車の陰になって、一〇〇メートルも前方から人影は見えないのではありませんか。

「私は通りから見ました」

――証人は、間違いなく、私を見たのですか。

「そうです」

――それが、私だと、断言できますか。

「私は間違いないと思います」

――この事件の二、三日後、証人が刑事の取り調べをうけた際、刑事に桜井と杉山の二人を見たと述べましたか。

「私は言えませんでした」

――証人は、二人がやったと思ったのですか。

「そうは思っていません」

――証人は、どうして、刑事に私たちを見たのなら、そう言わなかったのですか。

「二人は若いし、将来性もあり、二人の家のことなど考えると、そのことを刑事に言うことができませんでした」

——この事件が新聞に報道された後に、証人は刑事に私たちを見たと話したのですか。

「そうです」

——証人のように勇敢な人がどうして、玉村の家の中へ入って行かなかったのですか。

「私は案外、臆病なのです」

——単車から下りたとき、玉村の家の中はどうでした。

「静かでした」

——私は去年八月二八日に布川へは行っていませんが、証人はその日私を見たと、断言できますか。

「私は間違いないと思います」


以上の渡部証言は、果たして信用できるものであろうか。

時速三〇キロメートルで走る単車に乗っていた証人が、桜井被告人の顔を見たときの距離二メートルを走る時間〇・二四秒で、人の顔が識別できるものなのか。

証人が見たという二人の男は、桜井、杉山の両被告人に間違いないのであろうか。

第四章　予断

1

昭和四四年一二月二二日、第二四回公判に出頭した証人の一人に、桜井被告人を取り調べた早瀬四郎警部補がいた。

冒頭、裁判長が桜井被告人に、なにか尋ねることはないか尋問を促し、以下はその両者のやりとりである。

桜井の舌鋒は鋭く、なかなか頭脳的な尋問である。さすがの早瀬警部補もたじたじの様子が、公判調書のすみずみにうかがえる。

被告人尋問（桜井）

――この前の裁判では、一〇月一五日まで窃盗の調べに終始したと言いましたが、間違いないですか。

「一四日まで窃盗を調べまして、一五日にあんたのアリバイを尋ねました」

――ということは、一五日前は要するに、玉村さん殺しのことに関しては、全然聞いてないということですか。

「それは、アリバイのことは聞きました。二三日から三〇日ごろまでのね」

――そのアリバイは、何日から聞き出したんですか。

「あんたのことを調べたのは、一〇月一一日からですから、一四日と一五日の二日間、このアリバイは聞きました」

――一一日の調べから聞いていきますが、調べは留置場の前の接見室でしたね。

「いいえ、あれは調べ室でしたよ」

――記憶違いじゃありませんか。

「いいえ、間違いありません」

――その調べに当たって、私が言ったこととか、早瀬さんの質問に肯定、否定したことなど、いろいろ帳面に書きましたね。

「書きましたね」

――その帳面は何冊ぐらいありましたか。

「二冊あります。厚い大学ノートです」

――一一日の調べは、柏の窃盗事件の調書作成でしたね。

「ええ、逮捕状の事実調べをしました」

――その調べが終わった後、余罪調べと簡単なアリバイの調べがあったんじゃないですか。

「ええ、あんたは八月一七日から神田の利根管工にいたというから、それからなにをやったか、その前はどういうことをしてたのか、とかを調べましたよ」

――八月二八日のアリバイまで行ってるんじゃないですか。

「それは窃盗の余罪を調べたのですよ。八月二八日のアリバイを聞いたのは、一四日と一五日ですよ」

――この前の公判で、窃盗は二〇件ぐらいあったと言いましたね。ということは、ほとんど自分のしたことは自分の口から早瀬さんに言ってるわけです、一一日の調べで。

「一一日の調べでは、そういうことは言いませんね。その日は逮捕状の事実ですから、それから後になって、余罪ですから」

――それは、次の日に言ったというのですか。

「次の日ならず、一一日にあんたのことを調べて、検察庁へ一一日の午後行ってるんです。それで、一二日、一三日の間にだいたいのことを言ったんじゃないですか。私の方では被害の確認ということで、裏付けをやったと思いましたね」

――前回、私が早瀬さんに対して、三菱銀行の仕事をやったということを言ったというんですが、これは勘違いじゃないですか。

「あんたは銀行へ行って、横川さんのところへ泊まったとか言いましたよ」

――私はそういうことを言った憶えはないですが。

「私に言いましたね」

――じゃ、当然、あなたの帳面に、私が言ったことを書いてあるわけですね。

「書いてあるかどうかは別として、あんたはそう言いましたね。三菱銀行の親方の横川さんところへ泊まったと」

——それは布川の栄橋の袂で、五町警部と小井戸巡査に聞かれたときに、三菱銀行へ泊まったと言ったんであって、あれは嘘だと。

「いや、そんなことはわかりませんね」

——私は二八日のアリバイについて、早瀬さんに聞かれたとき最初、野方の兄のアパートへ泊まったかも知れないと言いましたね。

「いや、初めはそんなことは言いませんな。終《しま》いのころには、兄貴のところへ泊まったと言えば、兄貴に迷惑がかかるからと思ってとか、そんなことを言ってました」

——それは、話の辻褄を合わせるために、あんた方が合わせたことじゃないですか。なんで今まで兄貴のところへ泊まったのを隠してたんだ、兄貴のところへ迷惑がかかるからだろうと、あんたが言ったんじゃないですか。

「いや、それはあんたが言ったんです」

——水掛け論をしてもしようがないから、止めますが、調べのとき、あんたが帳面へいちいち書いていたので憶えているんですけど、私は八月二八日は野方の兄のアパートか、千葉県の姉さんの家か、それとも布川の渡辺の家か、その三軒以外には泊まった記憶がないんだと話した。それを早瀬さんが、野方の兄のところも違う、姉さんのところも違う、布川の渡辺も違うと言って、いちいち×印をしていったのも憶えていますけどね。

「それは三か所泊まったということを言ってるんでは、どこが本当かあんたも考えてみなというようなことで話をしたんであって、それは突然にそういう話をされたんでは誰しも過去のことは思い出さないから、よく話をしてくれたということで、一四、一五の二日間にわたって聞きましたね」

——そのときも、兄貴のアパートへ泊まってるかも知れないと言ったら、それは違うと否定されたことがあるんじゃないですか。

「違うか、違わないか、自分でよく考えてみろということであって、私が違うという発言はしませんよ」

——一〇月一三日の調べのときに、早瀬さんに初めて私が象ちゃん殺しの犯人として見られてるんだということを言われたと憶えているんですけど。

「そんなことは言いません。アリバイのはっきりしない人に、そんな話はしません」

——八月二八日の夕方から忘れたというのは、布川へ行ったことを話さないからだと言いましたね。

「それは言いません。二四日から三〇日まで話をして、二八日の話を忘れたというから、なにか理由があって隠してるとしか思えないと、私の方で言いましたよ」

——だから、布川へ行ってることを隠すから思い出せないんだと言いましたよ。

「前後の話ができて、二八日の話ができないというのは、そこは私の主観かも知れないけど、なにか理由があって隠してるとしか思えないから、よく思い出してくれ、なにか間違いでも起こしてるなら、話してみろと言ったんですよ」

——布川へ行って、なんでその日の記憶を思い出せないんだと言ったでしょう。

「そんなことは絶対言いません。神様に誓って、言いません」

——白々しい。私の質問だけに答えてくれれば結構ですよ。あんたと杉山を……

「杉山なんて、私は知らないですよ」

——あんたの口から、杉山という話が出たんじゃないですか。

「いや、違います。あんたから初めて話が出て、栄橋のところで杉山といっしょになって、象天さんが金貸しをしてるというようなことを言わなければよかった、とあんた述懐してるじゃないですか。私の方から杉山なんて話は、とんでもない話ですよ」

——あんたと杉山を象ちゃんの家の前で見とる人がいるんだという話をしませんか。

「言いません」

——あんたが上がり口の石の上にのぼって、象ちゃんと話しているとき、道路を通った人がいるんだ、その人が桜井昌司だとはっきり言ってるんだと言いませんか。

「言いません。あんたが二八日のことを思い出せない、忘れたというのは、なにか理由があって隠してるとしか思えない、の終始一点ですから」

——天網恢恢疎にして漏らさず——というようなことを私に言ったじゃないですか。

「そんな話はしませんよ」

——誰も見ていないと思っても、どこかで見てる人がいるもんだ、と言ったでしょう。

「言いませんよ。理由があって、あんたは隠してという話ですよ」

——悪事千里を走る——と言って、悪いことをしてばれないことはないんだ、と言いましたね。

「いいえ、勇気を出して話してみろ、と言ったんです」

——あんた、私に今胸につけてるバッジの「誠」の言葉の意味を話してくれたことがありましたね。これは日立署の署長からもらったんだと。

「これは、誠実に、正直に生きる男だというようなことでもらったんです。どこの社会へ行っても、人間は誠実でなければ駄目だと言って、もらったいわれをあんたに教えたか、どうかねえ」

——誠実かどうかわからないですけど、今日の早瀬さんのしゃべったことを、もう一度そのバッジに聞いてもらいたいと思いますね。

2

次は、裁判長の尋問に対する桜井被告人の供述である。

裁判長尋問
——さきほど、早瀬証人は、桜井が強盗殺人をやったという確信を抱いた理由について述べたが、そのことについて、どうだね。

「早瀬さんにしてみれば、私を犯人だと思っているんだから、結局、自分の誘導尋問とか、そういうことに自分自身で気がついてないのじゃないかと思うんですよね」

——さっき、早瀬証人は、桜井がこれこれこういうようなことを述べたから、それによって確信を得た、という証言をしていたが、そのことについて、どう考えるんだね。

「早瀬さんは当時、地図みたいなのを見て言ってるんですよ。質問事項を一つ一つ、要するに自分がやってないからすらすら言えっこないし、でも一つ一つ聞いていくんです。例えば、実際赤かどうか知らないけど、赤ですかと言うと、いや、そうか、もう一度考えてみろ、とくるわけです。じゃ、青ですか、というふうにやっていくんです。もう、捨て鉢になってた自分が悪いんですけど、赤と言ってもう一度考えてみてくれと言うから、これは違うんだなとわかるんですよ。そういう具合で作った調書であってね、自分としては、自分のやったことを言ったわけじゃないですからね」

――一つ一つ問答を重ねて、さっきのようなことが出たというんだが、早瀬証人が言ったようなことを早瀬証人に対して言ったことは、間違いないのかな。

「そうですね」

――どうして、そういうことを述べたんだろうな。

「なんていうんですか、警察というところは初めてでしたし、それで、警察が言うことに嘘はないだろうと思ったんですよね。ところが、まるっきり犯人だと言われたでしょう。だから、もうどんなふうに言っても、犯人にされちゃうんだと思ったんです。どうせ犯人にされるんなら、どっちみちやってないのだから、なんと言っても構わない、ということで早瀬さんの言うことに答えたんです」

――人を殺したかどうかは、重大なことですよ。どっちだって構わないというふうな、簡単なことじゃないでしょう。

「殺されたことは重大なことであっても、私にとっては、なんでもないですよ」

――自分にとって重大なことなのに、どうしてそんなことを述べたんだね。

「自分自身は、殺してないからです」

――殺してないのに、殺したなんて、どうして述べたんだね。

「だって、自分としては、記憶がなかったんですよ、本当に」

――記憶がないなら、まして、殺してもいないのに、殺したと述べたんだね。

「自分は知らないですよ。ああいうところは初めてでしたから、もう本当になんと言っていいか、言葉では表せない」

――殺してないのに、殺したなんて重大なことを、なぜ、述べたんですかね。

「自分の性格でもあるんじゃないですか。短気だから、勝手にしやがれ、と思ったんですね。勝手に犯人にするなら、犯人にしろ、と思ったんです」

――自分が殺してないのに、殺した犯人にされたら大変じゃないか。

「もしも、法とか、そういうものが公正なものだったら、いくらやったと言っても、それで犯人にされるわけじゃないでしょう。口で答えたぐらいで……」

――勝手にしやがれなんて、そんな簡単なものじゃないでしょう。

「そう思われるかも知れないですけど、自分としてはそういう考えだったんですね。本当に、勝手にしやがれと思ったですね」

――それじゃ、あの晩、杉山と栄橋のところで会わなかったら、こんなことにならなかったと早瀬に言ったそうだが、どうして、そんなことを言ったんだね。

「とにかく、そういう調書は作ったですね」

――早瀬としては、杉山と桜井が栄橋のところで会ったなんて、全然わからないことじゃないですか。

杉山も調べてないんだから。

「調書に使われてる杉山と会ったというのは、八月三一日か、九月二日のことを、二八日と作っていったんですよ」

――早瀬は杉山を調べていないし、全然知らないと言うんだからね。

「それは、口先だけのことですよ。彼は国家の刑事さんですから、嘘を言うとは思われないかも知れないけどね、だって、私が八月二八日に杉山と会ったことはないんですよ。それをなんで、私が言うことがあるんですか」

――早瀬に、八月二八日の晩、杉山と栄橋のどこで会ったということを言ったのかね。

「だから、聞いてください。私は言いましたが、八月三一日のことを言ったんですよ」

――質問の方では、八月二八日のことを聞いてるんだね。それで、いや、私は三一日のことを言ったんですと答えたかね。

「……………」

――二八日の晩のように、言ったんだね。

「そうです」

――どうして、そんなことを言ったんだね。

「どうでも構わないと思ったんですよね、実際」

――杉山に会わなければ、こんなことにならなかったと、早瀬に述べたのかね。

「自分の口から述べた憶えはないです」

――さっき、どうして、それを質問しなかったんだね。

「水掛け論をしたって、しようがないでしょう」

――なぜ、言わなかったんだね。

「まだ、質問しないことは、いっぱいあります。でも、調書なんて、みんな作り事ですし、なんとも思わなかったですね」


――一一月中に手紙を早瀬に出したんですね。

「出しました」

――内容は、さっき早瀬証人が言ったような手紙の内容かね。

「だいたい、そうです」

――やはり、自分は前に早瀬に述べた通り、強盗殺人をやってるのに間違いないということを言ったと、さっき言ってたが、そのことはどうかね。

「そういう調書を作りました」

――前の通り、間違いないと言ったんだね。

「ええ、杉山はすべて話しちゃってんだ、お前から手紙をもらったと言ってる、というふうなことを言うんですよ。おかしいなあ、俺は手紙なんか杉山にやったことないのに、なに言ってるんだと思って。だから、こんなことをやったってしようがないし、それで早瀬さんはしつっこく聞くんですよ。知らないというのに、しつっこく聞くもんで、なんだ勝手にしろと思ったですよ。勝手にしろばかりで、変に思うかも知れないけど、そう思っちゃったんですね」

——強盗殺人で起訴された後、勾留質問をうけた際、間違いありませんと述べたのは、どういうわけですか。

「あのとき、刑事が後ろにいたから、言ったんですよ。もう、本当に、警察官は自分の思ってる通りに言わせなくちゃ気がすまないんです。それで、そこで知りませんなんて言うと、帰ってきてまたいろいろ言われるんです。眠いと言っても寝かせてくれないし、腹減ったと言っても、なんにも買ってくれないし……」

（第二四回公判、昭和四四年一二月二二日）

3

——今、聞いた録音テープは、被告人のものかな。

「そうです。間違いありません」

——司法警察員の質問に応じて、すらすらと述べていたようだが。

「あれは事前に調書に作ったようにしゃべれという話だったから、そのように話しただけです」

——それにしても、よどみなく、すらすら述べてたようだね。

「もう大分、長い時間いろんなことを言われてましたし、だからどういうふうだったとか、そういうことはみんな俺たちがやったように作られた内容というものは完全に頭に入っていましたから、別にしゃべれと言われても抵抗なく、自分がやったんじゃないかと思うほど、中の様子とかいろんなことがわかったわけです。だから、しゃべれたんだと思います」

——最後に現在の気持ちも聞かれて答えていたようだね。

「別に、これテープに入れたからって……何回も判事さん方にお話ししてますとおり、事件のあった日の行動を思い出したんです。だけど、警察に言っても、お前の言ってることは出てこない、なんて言って、あんまり調べてくれないような素振りなんですよね。だから、警察の刑事さんになにを言っても駄目だし、へたなことを言ったら握り潰されちゃうんじゃないかと思ったんです。早く警察の調べを終わらして、検事さんのところへ行って話せばわかってもらえるだろうと、そういう気があったんで、こういうことをやったわけなんです」

——玉村象天さんを殺したときのことを、大分詳しくすらすら述べていたが、それはどうしてだね。

「ですから、この録音を入れる前に、調書を作る段階なんかにおいて、いろいろ言われたり、聞かれたりして、そのことが頭の中に入ったわけですよね。調書で作ったとおりにしゃべれというわけで、こういう話は調書に作ったようにしか、どうしてもしゃべれないですけどね。それしか、私はわからないですけどね」


（第一八回公判、昭和四五年四月二七日）


——被告人は、（犯行のもようを）具体的に述べているが、自分で知ってなくちゃ、そんなことは述べられないんじゃないかね。

「警察の調書を作るとき、どういう状態であったとか、象ちゃんが殺されたときの状態がどんなだったとか、そのときの状態を警察の人に聞いて……」

――そういうことを述べたのは、どういうわけだね。

「警察でどういう順序で、どうだったということを調べるのは当然でしょう」

――犯行の現場に、警察官はいたわけじゃないから、知らないこと被告人に聞いたら、被告人は答えたんじゃないかね。

「どういう状態で象ちゃんが殺されたとか、警察官は当然知ってるんじゃないですか」

――被告人の方で詳しく言わないと、警察官はわからないじゃないかね。

「取り調べの警察官は、どういう状態だったかということは、家の中の様子は知っているわけでしょう。それに対して人間というのは推理というものはするでしょう。警察の人なんか、よけいにね」

――推理じゃなくて、被告人の方から具体的に述べているから、それで聞くんだがね。

「ですから、具体的に調書が作られてたということは、そこにいろいろな聞き方、要するに早瀬さんがそれからどうした、その次はどうなってるんだと、そう聞かれた事柄に私が答えただけであって、聞かれなかったら、とても答えられなかったですね」

――具体的に細かいことを知らなければ、述べられないんじゃないかね。

「ですが、知らないことは述べられないですよ」

――述べてるから、知ってることじゃないのと、こう聞いているんだが。

「違いますね」

――どうして、細かく具体的に述べたんだね。

「ですから、早瀬さんの調べというものは、象ちゃんがどんなズボンをはいていたんだ、茶色だったか、黒だったかと聞くと、私はわかりませんから、黒だったかな、茶色だったかなと言うと、よく考えてみろというんです。そこで黒だったかも知れませんですと言うと、いや違うだろう、もっとよく考えろというような調子で、あのような調書になったわけです。自分がやったことじゃないから、すらすら答えられないんですよ。小さいことを一つ一つ聞いていって、それをすらすら答えたように調書が作られていってるだけなんです」

――自分で本当にやってないんなら、なんと言われようとも、ありのままを言えばいいんじゃないですかね。

「今、考えればそう思いますけどね、だけど当時の心境としては、留置場に入れられて、そう言わなくちゃ、しようがないんだという気にさせられちゃったわけです」

――（一二月二五日検事調書について）犯人にされちゃうんなら、ますます反発して本当のことを言わなければ、損するんじゃないかね。

「本当のことを言っても、それは君、嘘だろう、もしそれが本当のことだったら、たとえアリバイが出なくても、私の心の中に響くものだ、ところが、君の言ってることは、ひとつも響かない、それは嘘だからじゃないか、と言われたらどう思います。私は誠心誠意、ほんとうのことを話してるつもりなんですが、検事さんにそんなこと言われたら、どうしようもないじゃないですか」

――なんと言われようと、本当のことを言って、検察官に協力する必要は全然ないじゃないですか。

「今はそう思いますけどね、いろんな理由があって警察で調書ができちゃったわけです」

——やったこともないのに、やったように述べて、向こうに協力するのは当然じゃなく、とんでもないことじゃないですか。

「そう思いますけど、検事さんに君の言ってることは信じられない、警察のああいう調書がある以上は、君が真犯人だとしか思えない、判事さん方も君の言うことは信じないと言われたら、私は裁判とか、そういうことに関しては全然わかりませんし、誰でも犯人にされちゃうと思うじゃないですか」

（第三〇回公判、昭和四五年六月一五日）

4

次に、昭和四五年五月二八日、第二九回公判における杉山被告人の供述の要旨を記す。

裁判長尋問

——だいぶ長い時間にわたって、司法警察員の質問に対してすらすら答えていたようだが、どうだな。

「これは、調書が全部できた後であり、だいたい事件の内容も自分でわかったわけなんです。それでまだ、わからないところも自分であったわけですよ。それで、テープをとる前に、取調官が今からテープをとるから、わからないところがあったら聞け、今までこの調書を作った通りにやればいいんだから、と私に言ったわけです。だから、私はわからない点を質問したんです。そしたら、調書を読んでくれて、ここはこう答えろ、ここはこう答えろということで、私に指図したんです。はやく言えば、強制的に言わせたんです。そうしてとったテープなんです」

――録音してるときは、調書を読んで聞かせたりしておったわけじゃないですね。

「録音する前なんです」

――録音してるときのことを聞いているんです。

「そうじゃありません」

――それじゃ、あんなに、すらすらと詳しく、調書見ないで述べられるわけないじゃないかね。

「だから、録音とる前に教えてくれたわけです」

――前に教えられても、自分の経験したことでなければ、すらすら答えられないんじゃないですか。

「経験したことじゃなくても、調書を何回もとっているから、馬鹿じゃなければ、わかるわけです」

――調書を何回とっても、自分の経験したことでなければ、すらすら答えられるように暗記はできないんじゃないの。

「できないじゃないかと言っても、できるんだから仕様がないでしょう」

――暗記できたというのか。

「教えてくれたんです」

――教えられた通りに暗記して、答えたというのか。

「教えられた通りに答えたんです」

――教えられた通りに、質問に対して答えたというんだね。

「はい」

――さっき終わりの方に、今までの調べに対して言ったことは間違いないかと言ったら、間違いありませんと言っていたね。あれは、どうなんだ。

「だから、それは、その場所にきて、言わなければ仕様がないから言ったんです」

――間違いありませんと言ったのは、どういうわけだ。

「間違いであると否認すれば、また取り調べをやられると思ってですよね」

――取り調べをやられても、いいんじゃないの。

「長い間で、自分でも精神的にまいっているわけですよ」

――それから、今度は、今どう思っているかと聞いたら、玉村さんの冥福を祈っている云々と言っていたね。それは、どうなんだい。

「それは、警察官が教えてくれたんです。桜井昌司はずるい男だから、杉山が冥福を祈るとか、迷惑をかけたと言えば、杉山の方が軽くなるんだからと、こういうふうに言えと事前に言われたんですよ」

弁護人尋問
――録音テープをとる前に、あなたが、この事件を知らないと言っていたころも、こういうふうに丁寧に、静かに聞いたんですか。

「いや、違います」

――感じは、違いますか。

「違います。これはテープをとるとして作ったもので、テープをとる前に、向こうではやり方を決めたんじゃないですか」

——初めのころは、もっと厳しかったですか。

「はい、そうです」

——最後に、桜井が言ってしまったから、というようなことを言ってますね。

「はい」

裁判長尋問
——向こうでやり方を決めていたと言っても、自分の方は向こうで決めたやり方に応じないで、ほんとうのことを言えば、いいじゃないですか。

「言っても、聞いてくれないんです。聞いてくれれば、ほんとうのことを言いますよ」

——被告人は、司法警察員の調べに対して詳しく述べて、それから今度、有元検事に調べられたときに、この強盗殺人事件を否認して、それから吉田検事に調べられたとき、また詳しく述べたのは、どういうわけだね。

「自分はやっていないと言っても、警察ではしようがないから。向こうでは、いつまでも調べられて、精神的にもまいっていたし、それで、やったと言ったわけですよね。今度は有元検事さんのところへきて、私はやってない、この日にはこういうことをやっていたんだといろいろ話したわけなんです。そして、有元検事さんもわかってくれたと思うんですよね」

——それじゃ、司法警察員に詳しく述べて、有元検事に否認したのは、どういうわけですか。

「検事さんなら聞いてくれると思って、否認したんです」

――否認すれば、長く調べられるでしょう。

「そういうことは、自分では知らないです」

――さっき否認すれば、調べが長くなると思ったと言ったね。

「それは、警察へいつまでも置かれると思ったんです」

――じゃ、拘置所へ移ればいいのか。

「拘置所に移れば、検事さんの権限だから」

――拘置所へ移れば、長くなってもいいのか。

「拘置所ならば、毎日毎日朝から夜まで、責められないでしょう。警察のように、やらないのにやったんだろう、やったんだろうと言われないでしょう」

――有元検事に否認したのは、拘置所の中で、この前調べたようなことがあったからですか。

「違います。私は入ってすぐ、竜ヶ崎の友達にこの事件はやってないんだと最初、自分から言ったんですよ」

――有元検事に否認したわけを言いなさい。

「ちゃんと聞いてもらえると思って言ったわけです。それだけですよ」

――吉田検事に今度はまた、詳しく述べたのはどういうわけだ。

「吉田検事さんは、逆送というんですか、拘置所から土浦警察署へ身柄を移されたわけです。それで、また、警察からも調べをうけたわけです。それで、言いたくないことは言わなくてもいいと検事さんに言われたと、刑事さんにも言ったんです。それでも、刑事さんとしては、やったという調書を作らなければ、いつまでも調べるというんです。それで、私はいくらやらないと否認していても駄目だと、いつまで調べられるかわからないと思っちゃったんです。そして、今度はまた違う検事さんにも調べられるし、このままではどうしようもないとまいってしまったわけです。それで、認めれば、すぐ裁判にしてもらえると思って、裁判所で正々堂々と闘おうと思って認めたんです」

——有元検事に否認したのは、長くなるのを覚悟で否認したの。

「有元さんには、調べ終わったと思ったんです」

——否認したら、調べは終わらないじゃないか。ますます長くなるでしょう。

「自分じゃわからないですから」

——調べる方の人は、前に詳しく述べて、それから否認したら、また、調べる必要があるだろうから、調べ終わらないでしょう。

「終わらないと言っても、有元検事さんが調べの最後に、こう言ってるんです。こういう調書で、君の言うことは嘘言ってるとは思えないと、こういう事件を起こせば死刑なんだと、君は暴行傷害だから、これならば、たかだか食っても一年ぐらいだからと、私を力づけてくれたんです」

——力づけてくれたと。

「ええ、体に気を付けて、がんばれと」

——強盗殺人事件についても調べられているでしょう。

「はい」

——強盗殺人はやってないと、君の言ってるのは嘘とは思えない、と言ったのかね。

「はい」

——むしろ、被告人が強盗殺人をやってないということを支持するようなことを検事は言ったのかね。

「はい、私に言ってくれたんです」

——それで、死刑になると言ったのかね。

「はい、ほんとうは、こういう事件をやれば死刑になるんだからと、自分には言ってくれたんです」

——光明荘の隣の関口アパートの、女の人からなにか盗んできたということですが、その女の人がなにか買ってくるのを見たことあるの。

「その日に見たんです」

——その日に、なにを見たの。

「果物です」

——なんという果物かね。

「もう、三年近く前ですから、忘れたんですけれども」

——それは、強盗殺人をやったと言われている日だね。

「果物を買ってきたのを、自分は見たんです」

——強盗殺人をやったと言われているときに、果物買ってくるのを見たというんだね。

「はい、二八日です」

——桜井がその晩、渡って行って盗んできたの。

「そうです、缶詰も」

――それじゃ、大事な日だもの、忘れるということはないでしょう。

「自分じゃ、やってないから大事な日じゃないです」

――大事でしょう。だから、なにを買ってきたんだか、忘れるはずはないでしょう。

「忘れるはずはないと言っても……」

――有元検事に調べられて、どういう果物だということを言ってるでしょう。

「今じゃ、思い出さないです」

――どういう果物だということは、言ってるでしょう。

「今じゃ、忘れました」

――だって、そんな大事な日に買ってきたものを、忘れるということはないでしょう。

5

「被告人の言うのは、自分は全然関係ないんだと、捜査官から見れば大事な日だろうけれども、自分にとっては、ふつうの日だったから、そんなには詳しく憶えてないんだ、というふうに言いたいんだと思います。法廷にとっては、八月二八日は大事な日だろうけれども、当時は、ふつうの日だったということです」(弁護人が代わって返事)
――隣のアパートへ行って盗んできたということは、普通ないことだね、ほとんどないね。

「自分は窃盗なんかやったことないですから、そういうことないですよ」

——前に有元検事に果物の名前も言ってるが、忘れたのかね。

「忘れました」

——桜井は関口アパートのところへ行って、なにか持ってこいと言ったのかね。

「はっきり憶えてないですけど、腹がへったとか、なんとか言ったと思うんです」

——誰が言ったの。

「私が言ったか、桜井が言ったか、はっきりしないですけれども」

——自分か桜井のどっちかが腹がへったと言ったの。

「はい、桜井が言ったと思うんです。それで、隣の女の人を姉さんと呼んでいるんですが、『隣の姉さんが果物買ってきたから、持ってきたら、いかっぺ』と私が言ったんです」

——四二年一二月一三日に吉田検事に調べられたときの調書を見ると、桜井が隣の女のアパートへ行って缶詰を盗んできたのは、してないんだと言ってるのは、なんですか。

「それは、強盗殺人をやったと言っているんだから、それを違うようにしなければ、合わないでしょう」

——そうすると、検事の調べに、自分の方で合わせたわけか。

「はい」

——不利益なことを、合わせたわけだね。

「はい、そうです」

——不利益なことを合わせると、損じゃないのかね。

「合わせなければ、検事の方は商売にならないでしょう」

――人の商売なんか、考えなくてもいいでしょう。自分の言うことを強く言わなければ損するでしょう。検事の商売なんか気にする必要はないでしょう。

「気にする必要はないでしょうけれどもね……食い違っていれば、検事はとことんまでやらなければならない立場にあると思うんですよね」

――検事の立場に、自分の方を合わせる必要はないでしょう。

「向こうで聞いてくるから、言ったわけです」

――検事の方が聞いてきても、自分の不利益なこと、ありもしないことを言って合わせる必要はないじゃないかね。

「合わせる必要はないと言っても、自分じゃ、そのときの心境ですからね。その場所でそうなったんだろうと思うんですけれども、自分じゃ今、後悔してますけどね」

――吉田検事に対して、六時四七分我孫子発の成田行きの汽車に乗って、七時五分ごろ布佐駅で桜井に会ったと述べているがね、この事件があったという日にね。

「その事件の前後と言っても、後ろの方、三一日あたりね、それを当てはめて言ったわけですよね」

――この事件があったという日に、そういうことがあったと被告人は言ってるんだけれども。

「嘘を言わなければ、調書にならないですから、自分じゃ、他の日のことを嘘言ったわけですよ」

第五章　判決

1

裁判長の花岡学は、昭和八年司法科試験合格、翌九年から東京で弁護士をやり、一三年に朝鮮総督府の検事に転じた。敗戦後は宇都宮、長野地検の検事を勤め、二五年から裁判官に転職した。水戸、千葉県八日市場を経て四一年、水戸地裁土浦支部長となった。

第三〇回公判（昭和四五年六月一五日）における裁判長の杉山被告人に対する尋問のもようを今しばらく読み進むことにする。

裁判長

——八月二八日、桜井が隣の女の人のアパートへ行って、なにか盗んできたというんだね。

「はい」

——被告人は、女の人がなにか買ってきたと、果物を買ってきたと話したということを今、桜井が言ったが、どうですか。

「それ、話しました」

——なにを買ってきたと言いましたか。

「この前も言った通り、忘れました」

——八月二八日は、被告人にとっては大事な日じゃないの。こういうことをやっていないのなら、大事な日じゃないかも知れないが、その日の晩に隣のアパートへ行って桜井がなにか女の人の部屋から盗んできたということは、どういうことから考えて言ったのかね。

「どういうことから思い出したかと言われても、よく、わからないですね」

——八月二八日の晩には、そういうことがあったんで、自分らは桜井の兄貴のアパートにいたんだと。だから、玉村象天さんの方にはいなかったんだということだけれども、どういうことから、そういうことを思い出したんだ。

「それは、私と伊藤章と伊藤四郎の三人で二九日の日に羽入寛介を殴ったんです。これも暴力行為で逮捕状をとられましたけれども、その事件のあった前の日だから、二八日だとわかったんです」

「警察に逮捕されて、最初は憶えていなかったんです。憶えていたのは、映画館のことと……」

——その晩に盗みに行ったということは、どうしてわかったんだ。どうして、それは憶えていたのか。

——どうして、そんな大事なことを忘れたのかね。

「どうしてと言われても、自分ではわからないですね」

——大事なことだからね。

「誰だって、人間は全部は憶えてないでしょう。なにかは忘れると思うんだけれど」

——人間というのは、大事でないことより、大事な必要なことの方が、いつまでも憶えているもんだけれどもね。

「自分じゃ、映画のことをよく思い出していたんです」

――果物のことについて、有元検事に被告人は、女の人がこういう果物を買ってきたのを見たんだと、はっきり言ってるんだが、どうして忘れてしまうのかね。

「どうしてと言われても、理由はわからないです」

――全然、どんな果物か、憶えてないですか。

「憶えていれば、ちゃんと自分でも言いますよ」

――有元検事に、女が青いリンゴを買ってきたのを見た、それで桜井に腹がへったが女の部屋にリンゴがいっぱいあるから、持ってこいと言った、と述べているんだが。

「買ってきたことは、買ってきましたよ」

――有元検事には、二日ぐらい前に買ってきたのを見たと言い、この前は、毎日買ってきたと言ったね。どうして、場合によって言うことが違うんですか。

「一回じゃなくて、何回も買ってきていますよ」

――桜井は、バナナだと言われたというんだけれども、今はなんの果物か忘れちゃったわけだね。どうして、そんなにいろいろ言うことが違うんだね。

「自分で言ったことは忘れちゃったから、そう言われてもわからないです」

――事実にないことだから、忘れてしまうんじゃないの。

「違います」

――事実にないから、その時々によって、言うことが違うんじゃないか。

「事実にないことなんか、言いませんよ」

――この日にこういうことがあったということで、盛んに調べられているんだから、思い出した後は、忘れられないいんじゃないかね。その時々、違うことを言うというのは、おかしいんじゃないかね。

「自分では、忘れちゃったんです」

――実際にないことだから忘れちゃって、そのとき、そのときによって、言うことが違うんじゃないですか。

「そんなことないです。そんなけちな男じゃないです」

2

――被告人は、四二年一二月の一三日と、一四日に吉田検事に取り調べられているが、調書の中に、「私が桜井昌司と二人で玉村のおやじを殺して、金を取って逃げたことは、有元検事さんに一回目の調べで認めたのに、二回目のときは、やってないとひっくり返したのは、一つは拘置所に移されてから、竜ヶ崎の岩崎弥太郎なんかから、桜井は検事さんに認めてないから突っ張れと言われたこと、助かりたい気持ちから、桜井の真似をしてやれと思ったからでした。それでも、すでに警察では、しゃべってしまった後だから、今から突っ張っても駄目ではないかと思ったり、突っ張れば助かるかなとも思ったり、半信半疑でした。そんな気持ちでいながら、有元検事さんの二回目の調べのとき、初めてやってないと突っ張ったのです。一回目の調べのときに認めたのは真実でした。そのときは、本当のことを話したのです。今日の調べでも突っ張り出したのだから、突っ張る腹でしたが、いろいろ聞かれているうちに、やっぱり嘘はつけないと思いました。それで本当のことを言う気持ちになりました。言い出す前に考えていたのは、殺してしまった玉村のおやじと去年亡くなったおふくろのことを思い出し、すまないことをしたと考えながら、被害者と有元検事さんと警察の人やみんなに悪いことをしたなと思っています。それで、おふくろの顔を思い出しながら、とても嘘はつき通せないと考えていたのです。もう、周りからなんと言われても、気持ちは変わりません」

こう言って、だいぶ具体的に、細かく述べているようだが、どうだね。

「それは、拘置所に行ってから、岩崎弥太郎が私に言ったことは、ほんとうです。しかし吉田検事さんに調べられる前に、取り調べの刑事に呼ばれて調べ室へ行って、

『今日は、検事の調べがあるから、こういうところは、こう言うんだぞ』

と言われて、そう言ったわけです」

――それから、我孫子駅で桜井と顔を合わせて、成田行きの列車に乗って、布佐駅に着いて、それから栄橋の手前の石段のあたりで、また桜井といっしょになったというふうに、だいぶ詳しく、吉田検事に述べているようだが、どうだね。

「行き合った人やなんかは、事件があった前後に私が行動した通りのことを、当てはめて言ったわけです」

――だけど、全然ないことなら、こんなに細かに、具体的に言えないんじゃないかね。

「それは、向こうの取調官が、一つ一つ細かいことを何回も、何回も聞き直して、そして調べていった結果、そういう調書ができあがったんです」

——玉村方に行くときのことについても、

「その途中、玉村方に着く前の左側で、角から玉村方までの真ん中あたりの根岸の家だけが、前の通りまで明るくなって、灯りがついて目立っていたのです。七時二〇分のバスが出たころには、もうあたりは薄暗くなっていたのです。どこの家も電灯をつけていました。昌司から根岸の舎弟が溺れて死んだ話を聞いたばかりだったから、明るくなっていた根岸の家の前を通ったとき、家の前に自転車が四台か五台置いてあったのも見て、これは昼間葬式でもあって、終わった後で人が集まって、家の中で飲んでいるのかなあと思いながら、昌司と二人で前を通り過ぎたのです」

と述べているが、これは、どうだね。

「それは、日にちが違うんです。二九日に伊藤章と四郎と三人で帰ったときに電気がついていたために、それを二八日のことに当てはめて言ったんです」

——根岸の弟が死んだのは、二七日じゃないのかね。

「日にちは忘れましたが、聞いたのは二八日に昌司から私が聞いたんです」

——だから、二八日に葬式をやるのが順序じゃないのかね。

「いつやるか、葬式は自分じゃよくわからないです」

——同じく、調書の中で、

「昌司が駄目だったと立ち戻るまで一〇分ぐらいの間に、私は立ち止まっていた場所で、通りを三人とも自転車で通りかかった人を見ました。四〇歳くらいのおっかさんと、中学生ぐらいの男の子と、作業員のような男でした。この三人の中で印象に残っているのは、中学生の男の子でした。前からその子を見て知っているのです。小宮二郎です」

こう言ってるのは、どうなんだね。

「小宮二郎は知っていますよ」

――その人が自転車に乗って、尻を上げてこいで行くのを見たというんだが。

「それは、警察の人が最初、お前が道路側にいたんだろう、お前が見た人は二〇人も三〇人もいたんだから、わかっているわけだ。どういう人が通ったと、私に聞いたんです。私はわからないから、わからないと言ったんです。そしたら、いや、わかっているはずだ、どういう風体だ、農民ふうか、作業員ふうか、というように聞いて行って、作業員ふうだということになったんです」

――だって、尻上げて、急いでこいで行ったというんでしょう。

「小宮二郎は、小さいころから新聞配達をやっているんです。それで、配達するとき、いつも尻上げて、こいで行くのを、私は見ていたわけです」

――前に見たので、このとき、そういうように、見たように言ったのか。

「はい、そうです」

――小宮二郎は、この前、証人として出てきて、この日のその時間のころ、自転車で通ったと言っていたね。

「はい」

――そうすると、被告人が今のように吉田検事に言ったことと、裏と表が合うんだけれどもね。

「それは、警察で、鶏屋で働いている人間を知っているんじゃないかということで、だんだん小宮二郎になって行ったわけです」

――それで、玉村象天に、初め桜井が借金を断られて、二度目に行ったとき、今晩はと声をかけたら、なんだまたきたのかと、おやじの声が聞こえたというようなことも言ってるんじゃないのか。

「それは、まるっきりの出鱈目です」

――それで、被告人は、桜井が二度目に行って断られているのを見て、

「私は、若いものと喧嘩をしやがって、年寄りのくせに生意気だと思って腹が立ち、昌司に助太刀してやっぺと思いながら、はいていた雪駄を脱いで上がりこんだ私は、昌司の左側でおやじに向かい合いながら、どうしたんだと言ったら、おやじがなんだお前は、と言うから、昌司の友達だよと言ったら、お前らいくらきたって貸さないぞ、帰れ帰れと言いながら、俺の方に手を出してきたから、胸を押され、それでよけいに頭にきてしまった私は、ぶっとばしてやろうと思い、いきなり右足でおやじの下っ腹をめがけて一回蹴飛ばしたら、当たって、おやじがかがみ込んで下向きになったところを、今度は昌司が横っ面をげんこで往復びんたをくらわしたので、おやじがかけていた眼鏡が飛びました」

と、こういうふうに言っていますね。

「それは、出鱈目です」

――どうして、こんなに細かに述べたんだね。

「それは、やっぱり、一つ一つ聞かれて、このように筋を作っていかなければ、しようがないんです。

ですから、警察で、そこはどうした、どうしたと言って聞いて行って、こういうふうに作ったわけです」

――自分がほんとうにやってないなら、そんなことを言われても、反発すべきじゃないですか。

「反発しても、聞いてくれないわけです」

――聞いてくれなくたって、自分でやってないのに、やったように言ったら損するでしょう。そんな大事なことを、やったと言ったら、損するでしょう。どうして、そんなことを、調べる方の人に調子合わせるようにしたのかね。

「やっぱり、当時は、警察の調べでそういう気になっちゃったんです」

――どうして、そんな気になったのかね。

「どうしてと言われても、いくら自分でほんとうのことを言っても、聞いてくれないからね。だから、もう、しょうがねえと思って、早く警察の方は終わらせてしまって、出るところへ出て、話を聞いてくれる人に言おうと思って、どうにでもなっていいと言って、警察の方は早く終わらせてくださいと言ったんです」

――有元検事に否認して、吉田検事に認めたのは、どういうわけかね。

「それは、精神的にまいってしまって、もう有元さんで終わりだと思ったんです」

――有元検事に否認したら、調べが終わるはずがないでしょう。

「自分はそういう細かいことまでわからないです。もう、調べが終わったと思ったんです」

――こんな大きな事件について否認されれば、調べる方の人は、とてもそれで終わりにしないでしょう。常識で考えても、わかることじゃないかね。

「最後に、有元検事さんに、この前言った通りのことを言われたんです。それで、もう、これで終わりにするからと言われたんで、もう終わりだと自分じゃ思ったんです」

——終わりだというはずがないでしょう。否認したら終わりということは、ないでしょう。そんなこと、わかるんじゃないかね。

「自分では、そう思ったんです」

——それから、玉村さんを殴ったり、その上に馬乗りになったり、首を絞めたりしたことを細かに述べているようだが、これはどういうことなのかね。

「いちいち、しつっこく聞いて行って、また桜井がこういうことを言ってるというので、それに合わせたんです」

——それにしては、細かすぎるんじゃないか。

「細かに向こうで聞いたわけです」

——桜井昌司の靴を勝手の方に持って行ってやったということは、どういうわけで。

「桜井が言ったかどうかわからないけど、窓から出たんだろうというんです」

——そんなこと、警察官はわからないでしょう。現場へ行って見てたわけじゃないから。

「警察がわからなければ、私はよけいわからないでしょう」

——しかし、どうして、そんなことを言ったの。

「警察がヒントを与えてくれるわけですよ。窓から出たんだとか、なんとかいうことで」

——警察は、見てないんだから、そんなヒントは与えられないでしょう。わからないでしょう。

「それなら、私はよけいわからないでしょう。見てたわけじゃないから」

——それから、

「千円札で五〇枚以上あったように見えましたから、あったと、昌司に知らせるようにする気で声をかけて札入れを見せたら、箪笥のあたりをガタガタやっていた昌司が振り返って、こちらを見ましたが、また探していました。私はその札入れを新聞に包み直して胴巻きにしまい込み、早くしろ、行くべと昌司に声をかけました」

と調書で述べているが、これはどうかね。

「それも、まるっきり出鱈目です」

——質問に対して、どうして細かに答えたんだね。

「細かくというより、向こうから聞いてきて、私がこうじゃないか、ああじゃないかと言ったのを、その中から刑事が選んで書いたわけなんです」

——それから、

「湖北駅を発車して間がないころ、向かい合いに昌司とすわっていた私は、お互いにとってきた札を出し合い、私は一万円札三枚ぐらい、千円札七〇枚ぐらいで、一〇万円で、昌司はズボンのポケットから出した札が千円札ばかりで二万円ぐらいだったようだから、合わせて一二万円と見て、半分分けのつもりで不足の四万円分を、一万円札一枚、千円札三〇枚数えて私は、それを昌司にやりました。これだけでいいなと言って渡したら、うんと言って昌司は受け取りました」

と言っているが、これはどうなんだ。

「昌司はだいたい、どのくらいとったんだと言ってるんだろうかと、自分で考えたんです。それで、自分でとったと言っている額の半分近くあったと言っておけばいいんじゃないかと思って、言ったわけです」

――湖北駅を発車して間がないころ、というのは。

「それは、まるっきり出鱈目です。自分の頭に映ったことを言ったわけですね。自分がいつも湖北駅へ行ったり、きたりしてたんです。だから、それを合わせて言ったんです」

――いいかげんに知っている駅のことを言ったというのか。

「はい」

――懺悔して、ほんとうに悪いことをしましたと、被告人は言ってるようだが。

「いつも、そうやって最後に、検事が書いてくれるんですよね」

――検事は、そんな被告人の言わないことを書きはしないでしょう。

「言わなくても、書きますよ」

――検事が、言わないことを書くの。

「はい、書きますよ」

――読んで聞かせてもらったとき、そんなことを私は言いませんからと言って、どうして断らなかったのか。

「裁判で闘おうと思っていたから」

――調書に名前を書くとき、どうして断らなかったのだね。

「もう、検事の調書はどうでもかまわないと思ったんです」

――どうでもかまわないというなら、警察や検察庁という制度は、あるはずがないでしょう。裁判所だけあれば、いいんじゃないですか。

「警察や、検察庁のああいう調べ方なんか、ないですよ」

3

――この前、渡部一郎さんというクリーニング屋さんが証人として出たね。

「はい」

――被告人のことは、四二年の四月ごろから知っていると言ったが、どうだ。

「私は、知っていることは、知っています」

――クリーニング屋に八月二八日の前に、品物を持って行ったことはあるの。

「はい、あります。後も九月ごろもあります」

――この事件があったという日の時間ごろ、桜井と杉山が玉村さんの家の前にいたのを見たと言っていたが、どうだね。

「そういうことを言っているけれど、まるっきり出鱈目です」

――クリーニング屋の渡部さんが、そういうことを言ってるんだがね。

「そういう証人がいるから、出鱈目になってしまうんですよね」

――人のことで、どうして、そういう不利益な出鱈目を言うんだね。

「人のことだから、そういうことを言うんですよ」

――その人に恨みでも持たれているの。

「自分じゃわからないですけど、恨みなんか持たれているようなこともないです」

――もう一人、駅員が被告人をその日の夕方見たと言ったね、駅で。

「はい」

――それは、どういうわけか。

「あれは、八月二五日のことです」

――その日に被告人を見たという人は、三人もいるわけだが、どういうわけかね。

「私は、駅員さんの方が、二五日のを勘違いしてるんだと思います」

――この前、検察官の方から、勤務表なんかが出て、勘違いじゃないということでしたが、どうですか。

「勤務表には、二五日は出ているように書いてあります。私も前から、二五日と言っていましたよ」

――今、どんな心境でいるかね。

「私はそんな強盗殺人なんか全然やらないのに、こういうふうに起訴されて、悔しさでいっぱいですよ。人を殺して金なんかとらなくても、親の金が残ってあったから」

――親の金はみんな使ってしまったのか、定期預金なんかは。

「ありますよ」

――今、どのくらいあるのかね。

「二〇万ぐらいあります」

──それは、おふくろさんの残した預金だね。

「はい、そうです」

──どうして競輪とか、そういう無駄なことに使ってしまったのか。

「その当時、だいぶ使いました」

──いくら使ったのかね。

「二〇万ぐらい使ったと思います」

──親が苦労して貯めたお金を、どうしてそんなふうに、親が死んでしまってから、つまらないことに使ってしまったのか。

「自分で真面目にやり出したんです。それで新潟へ行って働いて、金を送ったわけです。そしたら、喜んで、安心して、血圧が高くなって死んじゃったんです。親の死に目に会わなかったんです。それで、もう、一人になっちゃったから、自棄《やけ》になっちゃったんです」

4

昭和四五年一〇月六日、花岡裁判長は、桜井、杉山両被告人に対する強盗殺人について有罪を宣告、無期懲役を言い渡した。

被告人および弁護人の主張

(1)　被告人両名とも、被害者が殺害された当時、犯行現場にはいなかった。
(2)　本件の捜査方法は、別件逮捕によるものであって、不当な見込み捜査というほかはなく、憲法三三条および三四条の精神に違反し、このような違法手段によって得られた被告人両名の供述調書に証拠能力はない。
(3)　検察官と司法警察員に対するそれぞれの自白は、捜査官から事実を否認すれば死刑になり、認めれば死刑を免れる、との利益誘導によって得られたものだから、任意性ないし信用性にも欠ける。
以上は、いずれも認められなかった。

これについて、裁判所の判断は、要旨次のようなものである。

(1)　アリバイの主張
青山、伊藤、角田証人らのそれぞれの供述部分を総合すると、被告人桜井があの日の午後七時過ぎ、犯行現場に近い栄橋付近の石段を勢いよくかけ登ったところ、これを見た角田から「脚力あるな」と声を掛けられ、桜井がふり返りざま、「なんだ」と言い捨てて、走り去った事実が認められる。

そこで、その日が昭和四二年八月二八日であるか否かについて見ると、桜井は九月一日のことだと供述しているが、青山証人は八月二八日であると明言している。

一方、伊藤、角田は、その日ははっきりとした記憶がないと供述しているが、同時に、それ以前に取り調べをうけた検察官に対しては、同様の事実を当時の記憶にもとづいて供述したむねも述べている。

そこで、両人の検察官に対する供述調書を見ると、それは八月二八日であると述べ、その根拠については、それぞれの調書によれば、国鉄常磐線我孫子駅と柏駅との間で発生した列車の脱線事故の翌日であるとの記憶によるものであることが認められる。

国鉄東京鉄道管理局長作成の書面によれば、事故発生は八月二七日一九時一四分、列車開通は翌二八日一二時二〇分であることが確認される。

してみると、右栄橋での出来事は八月二八日の事柄であると言わざるを得ず、九月一日であるとの桜井の供述は信用することができない。

また、海老原証人によれば、八月二八日午後七時過ぎ、布佐駅改札口外にあるベンチに被告人杉山が腰をかけていたのを目撃したことが認められる。

杉山は、それは二五日のことだと供述しているが、その根拠は明らかでないのに反し、海老原は列車事故の翌日であることを明言しているのであるから、これと対比して、杉山の供述は信用することができない。

さらに、証人渡部の供述によれば、八月二八日午後七時三〇分ごろ、玉村方付近で被告人両名を目撃したことが認められる。

加えて、高橋証人の供述および伊藤の警察官に対する供述調書によれば、二人は八月二八日、我孫子駅の成田線プラットホームで午後六時四七分発の下り列車が発車する直前、被告人両名を目撃したことが認められる。

被告人両名は、それは九月一日のことであると述べるが、前同様の理由により、信用することができない。

⑵　別件逮捕

捜査機関が、当初から本来の事件について被疑者を取り調べる意図ないし勾留状の発付を得るに足る証拠資料がないため、ことさら余罪である他の事件について逮捕状ないし勾留状の発布を得て、被疑者の身柄を確保し、これを利用して本来の事件の取り調べをしたとするならば、それは、逮捕の理由となった犯罪を明示する令状によらなければ、逮捕されないことを保障した憲法三三条、および拘禁の理由を直ちに告げられることを保障した三四条に違反する違法な見込み捜査というほかはなく、違法拘禁によって得られた被疑者の供述調書は、その証拠能力の有無について十分な検討がなされなければならない場合があるというべきである。

これを本件について見るのに、証人久保木輝雄、大木伝、森井喜六、早瀬四郎、深沢武、富田直七らの各供述部分、および勾留関係の記録を総合すれば、本件においては、捜査官は当初から強盗殺人事件について取り調べる意図ないし目的はなく、

桜井は昭和四二年一〇月一〇日、強盗事件の嫌疑によって逮捕され、取り調べ中、同月一五日に、また杉山は一六日暴力行為等処罰に関する法律違反の嫌疑で取り調べ中、翌一七日に、捜査官がその余罪の有無を問い質したところ、いずれも自らすすんで任意に、本件強盗殺人事件について自白をしたものであり、

その結果、捜査官は自白にもとづき捜査をした上で、いずれも同月一九日、強盗殺人罪について新たに逮捕状の発付を得て、二三日これを執行し、二五日勾留状の発付を得て同日執行、以後、これにもと

づいて取り調べを継続したことが認められる。
従って、本件においては、いわゆる別件逮捕による違法捜査は行われなかったものというべきである。

(3)　供述調書の任意性、信用性

本件全記録によっても、捜査段階において両被告人に対し強制、拷問、もしくは脅迫が行われた形跡は全く認められない。

かつ、被告人の各自白は、身柄拘束をうけた後日ならずしてなされたものであるから、不当に長く抑留もしくは拘禁された後の自白ということもできない。

取り調べに際し、捜査官により、なんらかの利益誘導が行われたか否かについて見るのに、被告人両名は、捜査官が事実を否認すれば死刑になるが、認めれば死刑を免れると言ったので、捜査官の誘導するままに供述したむねを、公判期日において述べている。

しかし、各公判調書中の証人、吉田賢治（本件について捜査し、公訴を提起した検事）の供述部分によれば、捜査官がそのような取り調べをした事実は認められない。

これと対比して、被告人両名の供述は、信用することができない。自白調書の供述内容は具体的、かつ詳細であるばかりでなく、犯行前後の模様につき、各証人の供述に合致するほか、公判調書中の各証人の供述、小宮二郎の検察官に対する供述調書の記載などにも合致するものであって、いずれも信用するに十分である。

量刑について、判決は次のように述べる。

被告人両名は、本件強盗殺人を犯した当時においては徒遊生活を続け、競輪資金ほしさから、なんの遺恨もない老齢の被害者を残虐な手段方法で殺害して金員を強奪したものであり、その刑責は重大であるが、殺害行為は偶発的なものと認められる点を考慮して、所定刑中無期懲役を選択した次第である。

陪席の裁判官は最初、君和田保蔵、山口忍であったが、玉井武夫が君和田に替わり、判決時、山口は転補を解かれ、裁判長花岡が代わって署名押印している

第六章　控訴

1

水戸地方裁判所土浦支部が言い渡した判決を不服とし、桜井、杉山の両被告人はただちに控訴の申し立てをした。

第一審判決に対する上訴は、その地裁所在地を管轄する高等裁判所に対してなされ、水戸の場合は東京高裁である。

控訴審は、事実や法律の問題点にわたる審判であり、一審判決の当・不当を審査するものだから、控訴趣意書によって判決の誤りを指摘しなければならない。

弁護団は、次のような諸点を挙げた。

第一に、証人青山、伊藤、角田らの供述は別の機会のことを述べているのに、原裁判所はこれに気づかず、同一機会のことと取り違えて、しかも被告人のアリバイに対する反証として採用している。

第二に、被告人の犯行の証拠として挙げられたもののうち、

(1) 証人渡部の供述は、その内容、人物からして信用できない。

(2) 証人海老原、高橋の供述も、その日時については不確実である。

(3) 指紋、足跡など、被告人と犯行を結びつける証拠は何もない。
(4) ① 被告人の自白以外には直接証拠はなく、その自白も、
　② 捜査官の偽計、誘導、長時間の取り調べの結果なされた内容虚偽のもの。
　別件逮捕により、得られたもので、適法な証拠とすることはできない。
(5) その他、証拠の中には、死亡時刻や便所の窓から逃げたという経路など、疑わしい点が数多くある。
結局、強盗殺人については、少なくとも証拠は不十分と見るべきで、残る原判決第一の窃盗罪の事実だけでは、三年以下の懲役に執行猶予をつける程度の刑が相当と認められるから、原判決には法令違反、事実誤認、審理不尽、ひいては量刑不当の誤りがある。


以上の要点について、弁護団が二審法廷で行った意見陳述をたどりつつ、事件の捜査と取り調べの経過にもう一度目を向けて、一審判決を吟味してみよう。

まず、警察は、現場の状況から強盗殺人事件と断定し、捜査を開始した。利根町に臨時捜査本部が設けられ、地元、県警本部の派遣を含めて八〇名の捜査部員による大規模な捜査陣が編成された。

ただちに被害者の身辺捜査、地取り捜査、前科者、素行不良者の捜査、近辺交通機関の捜査が開始された。その結果、被害者は八月二八日午後七時三〇分ころまで生きていたことが確認され、死体解剖の結果とあわせて、犯行時間は二八日の午後七時三〇分以降と推定された。

犯人については、目撃者である小宮少年や他の証人から、

「二八日の夜午後七時三〇分から八時三〇分ころ、二人の男が被害者宅付近にいた」

「そのうち、一人は被害者の家の上がり框《がまち》に立ち、壁のほうに一人いた」

「一人は背が高い男だった」

などの聞き込みがあった。

現場の状況や、物的証拠の材料は事件直後の現場検証の結果から、捜査陣には当然わかっていた。

その結果、遅くとも九月中旬ころまでの間に、捜査陣は、

「犯行時刻は、八月二八日午後七時三〇分以降翌二九日未明」

「犯人は男で、二人以上の共犯」

「事件は強盗殺人」

と推定し、これに基づいて捜査方針が立てられた。

この捜査方針に従って、犯人探索が行われた。利根町一円、竜ヶ崎の一部、布佐町にわたって地取り捜査が開始され、二八日前後に布佐町に立ち回った前科者、素行不良者、被害者から多額の金を借り入れていたものなどで、アリバイがはっきりしないものの洗い出しが行われた。

こうして、約一八〇人ほどの容疑者が捜査線上に浮かび上がり、桜井、杉山の二人も素行不良者グループの中にマークされ、捜査の対象となっていた。

捜査員約六〇名が二人一組となり、二八日のアリバイを中心に捜査を行ったが、九月下旬の段階で捜査対象として残されたのは、所在不明者も含めて一〇数名だけであった。

捜査本部の犯人洗い出しの方針は、責任者の渡辺忠治が公判で証言したように、

「犯行前後ころ、利根町に立ち回りがあったものの中で、犯行当時のアリバイもはっきりしないとい

うことで、通常の捜査段階では解明できないもので、余罪のあったものについては、やむを得ず一応逮捕してアリバイを究明しよう」

というものであった。

これに基づいて、九月下旬から相模一男、佐藤章、佐藤四郎、永山某が別件の軽微な犯罪で逮捕され、取り調べをうけた。しかし、いずれもアリバイがあって釈放され、捜査本部は一〇月初旬、いよいよ行き詰まりとなって焦燥の色を濃くした。

臨時捜査本部を設け、県警から多くの捜査員を動員して大捜査網を張り、すでに一月を経過していたが依然、犯人の端緒もつかめないというのでは、捜査陣がジレンマに陥ったのも無理はなかった。

こうした状況の中で、一〇月初旬、桜井と杉山の二人だけが、早瀬証人が公判廷で述べたように、

「捜査陣に残された唯一の対象者」

となったのである。

すでに九月下旬、杉山に対して強制捜査のための逮捕状が用意されており、桜井についてもアリバイ調査が行われていた。

行き詰まった捜査本部は、ついに一〇月一〇日、友人のズボン一本の窃盗という些細な被疑事実で、桜井の逮捕を決定した。連日、捜査会議を開いており、桜井逮捕はあくまで強殺事件の捜査のための本部の指示に基づくもの、いわゆる別件逮捕であった。

桜井は、その夜半逮捕され、すぐにズボンを質に入れたことは認め、取手署に留置された。

翌一一日の午前、午後、翌々日一二日午前中に、余罪の取り調べが終わった。

この段階で、身柄拘束の必要はなくなったわけだが、同じ日の午後、逮捕状記載の被疑事実について、勾留（第一次勾留）が決定されている。

これより一〇日間にわたり、違法な身柄拘束が行われ、この第一次勾留を利用して、本件について連日、長時間の取り調べが行われたのである。そして、ついに自白に追いこまれた。

本件強殺についての勾留は、一〇月二五日に執行されたが、二〇日の勾留期間期日の一一月一三日、さきに取り調べ済みの窃盗余罪事件を起訴し、別件勾留というトリックにも等しい起訴後の二か月の勾留という方法を用い、身柄を違法に拘束した。

一二月初旬からの再度の自白強制の取り調べは、この違法拘束を利用して行われたのである。逮捕のもととなった窃盗については、不起訴となっている。

この桜井の自白をもとに、杉山も、一〇月一六日逮捕され、水海道署において別件である暴力行為について取り調べをうけ、犯行を自白、自供調書が作成された。逮捕状記載の被疑事実については、取り調べはその日の夕方までに終わっている。

ところが、同じ日の午後七時から、杉山に対し、久保木、大木警部補による本件の強殺事件についての取り調べが行われた。二八日のアリバイを中心に調べをうけ、杉山は東京中野区野方の桜井賢司のアパートにいたというアリバイを主張し、午後一〇時四〇分まで調べられたが、時間切れとなり終了した。

杉山は、桜井賢司のアパートにいたと主張し、この主張は一貫して今日まで変えていない。

翌一七日、逮捕の端緒となった暴力行為について勾留決定がなされ、この別件勾留によって身柄を確保した上、午後三時一五分から六時五〇分まで三時間半以上、本件の強殺について取り調べが行われた。

これは公判廷において証拠とされた留置人出入簿の記載、および久保木の証言からも明らかである。

一七日夜の取り調べで、杉山は本件の犯行を自供し、午後七時二五分から一一時四〇分までの間に最初の自白調書が作成された。

一八日、一九日にも同様、強殺についての取り調べが行われ、一九日にはその取り調べ中に得た自供にもとづき、強殺について逮捕状の請求がなされた。

この逮捕状は一〇月二三日にいたるまで執行されず、暴力行為に関する第一次勾留を利用して、引き続き強殺についての取り調べが行われた。

まさに連日、深夜にわたる長時間の取り調べであり、その間に本件についての自白調書が作成された。

翌二四日には、九時間をこえる取り調べの上、二五日、強殺による勾留決定がなされた。同時に、公訴の提起あるまで、接見禁止となっている。

強殺による逮捕が行われた一〇月二三日から一一月六日、杉山を土浦拘置支所に移監するまでの間、出入簿記載で明らかなように連日、強殺事件の取り調べが続行され、自供調書が作成された。

そして、強殺事件の二〇日間の勾留期間の満了直前の一一月三日、暴行、傷害などで起訴、一四日、起訴後の勾留により身柄を拘束した。

2

このように、桜井の第一次逮捕が別件の窃盗によるものであり、杉山の第一次逮捕も別件の暴力行為等処罰に関する法律違反を被疑事実としてなされていることは、証拠上争いのない事実である。しかも、これらの逮捕が、もともと強殺についての取り調べを目的としたものであることは、捜査担当者の渡辺、早瀬、久保木の各証言からも明らかである。

捜査当局にとって、被告人らを強殺事件の被疑者として身柄を拘束しうる証拠は何もないのに、その取り調べをするのが目的で、些細な他の事件を身柄拘束の手段として利用、強殺の取り調べを行ったのである。

見込み捜査というほかはなく、まさに典型的な別件逮捕であり、別件勾留である。

憲法三三条、三四条は、国民の身体の拘束については厳格に、逮捕の理由となる犯罪を明示する令状を必要とし、拘禁の理由をただちに告げられることを要求し、刑事手続きにおける適正手続きを保障し、人権保障を全うしようとしている。

捜査機関は、被疑者の身体を拘束するためには令状を必要とし、令状発付には裁判所の司法的審査が要求されるのである。

ところが、本件においては、逮捕状の請求の理由となった被疑事実および勾留状の勾留の理由記載は、窃盗や暴力行為など軽微な事件であったが、身柄拘束の真の目的は、本件強殺の取り調べにあった。

つまり、捜査当局は、本件強殺事件に関する身柄拘束の可否について、裁判所の判断、令状発付にあたっての司法的抑制を潜脱したのである。

従って、被告人らの別件逮捕中、別件勾留中に得られた自白は、違法な手続きによって収集された証拠として、証拠能力を排除されるべきである。

さらに、強殺による逮捕および勾留も、第一次の違法な逮捕、勾留中に得られた違法な証拠を基礎とし、これを疎明資料として発付されたものである。

強殺による逮捕、勾留も違法であるから結局、そのような逮捕、勾留中に得られた自白もまた、一体として証拠能力を排除されるべきである。

捜査機関によっては、真実の発見を錦の御旗に往々、不法な拘禁が行われがちである。しかし、実体的真実は、適法な手続きの中でこそ得られるべきであり、捜査の必要性は人権保障の前に歩をゆずるべきである。捜査の行き過ぎを実質的に抑制するためには、不法な拘禁中に得られた証拠については証拠能力を排除すべきである。

別件逮捕によって得られた自白の証拠能力については、すでに、狭山事件（浦和地裁昭39・3・11）、東十条殺人事件（東京地裁昭42・4・12）、蛸島事件（金沢地裁七尾支部昭44・6・3）、麻布連続放火事件（東京地裁昭45・2・6）、六甲山保母殺人事件（大阪地裁昭46・5・15）など、大勢は排除の方向に向かっている。

被告人の自白は、証拠能力に欠け、有罪の証拠とはなりえないのである。

このような取り調べをされたのでは、いかに心身ともに頑強で、意志強固の人であっても、ましてやふつうの人間にすぎない、逆に脛《すね》に傷を持ちながら怠惰な生活をしていた桜井が、疲労困憊のあまり自暴自棄に陥って、嘘の自白をはじめたとしても不思議はない。それ以外に、不当な追及の手をかわす術はないのである。

一〇月一五日夜以降、半月あまり、早瀬に迎合し、彼のいうままの調書作成に協力を余儀なくされた桜井は一一月初旬、拘置支所に移監となり、ようやく早瀬から逃れることができた。

桜井は、これまでとはまったく態度の違う検察官の調べに対し、安心して、

「自分は事件に無関係で、警察での自白は強制による嘘のものだ」

と申し立てた。

担当の有元検事もおおむね了解し、否認調書まで作成している。

ところが、桜井は一二月一日、意外にも取手警察署に逆送されたのである。言い分に耳を傾けてくれた有元検事の取り調べに、ほっと安堵の胸をなでおろしていた後だけに、以前よりもひどい連日長時間の取り調べに絶望し、ふたたび嘘の自白に追いこまれた。

早瀬四郎警部補の公判廷での証言について、次の諸点が指摘される。

(1)　取り調べ状況について、いろいろ言い訳や弁解をしたり、事実を隠蔽したりして、任意性を印象づけようと工作している。

(2)　一審、二審ともに弁解が多すぎる。都合のわるいことについて聞かれると、別のことをくどくど答えたり、一般論にすり替えたり、他人のせいにしたりという場面が随所にある。

(3)　供述には矛盾があり、明らかな嘘がある。

例えば、窃盗の調べが終わって、本件の追及を開始した日時について、原審では「一五日から」とか

「一四日から」と答え、嘘をつき通した。

二審になってからは「一二日午後から」と言い、次の公判で「一三日午後から」と訂正している。

ほかでも、本件の本格的追及の開始を一五日午後にするため四苦八苦していることと合わせて考えると、これらの矛盾は任意性工作の一つであることは明らかである。
(4) 取り調べ時間について、原審では、
「夜もそんなに遅くまでは、取り調べていない」

「朝は九時すぎから、晩も一五日は一〇時すぎまでやったが、ほかは八時くらいまで」とか供述している。

しかし、提出された出入簿の記載に照らせば、任意性工作のための嘘であることが明らかだ。
(5) さらに、一二月一日以降の取り調べに関しては、
「窃盗余罪のための移監だ」

「手紙を書いた心境を聞きたかっただけだ」

などと弁解してみたり、

「一日から三、四日まで」

「一二月一日だけ」

「一日と四日だけ」

「八日も」

「一日から八日まで全部」

「一日と四日だけ」

と、追及されるたびに供述内容が変わっている。これまた、任意性の偽装工作である。

(6)　ほかにも、弁護人や裁判所の問いに対して、

「理詰めの追及はやらない」

「自白と事実のくい違いについて、捜査指揮者から何の指示もない」

と平気で嘘を言い、つづく検察官の問いに対しては、またこれを平気でひっくり返している。

3

では、杉山の場合はどうか。

逮捕の目的が、暴力行為事件の捜査に名をかりて、本件強殺の追及にあったことは、桜井について述べたところと同様である。逮捕のとき、

「杉山といっしょにやった」

という桜井の自白があったわけだから、強殺追及の意図、目的はいっそう明白である。

一〇月一六日、逮捕され、水海道署で久保木、大木警部補によって強殺について取り調べが開始されたが、その夜の取り調べは、

「杉山、ほかに何かやっているだろう」

という遠回しの質問に始まった。

「竜ヶ崎の喧嘩のことか」

「布川の殺しだ」

「冗談じゃない。俺には関係ない」

「では、八月二八日のアリバイを言ってみろ！」

こんな調子で、最初から強殺事件の犯人として取り調べをうけた。

久保木は、公判廷でも、

「二八日のアリバイを中心に聞いた。殺人事件のアリバイを聞くわけだから、おそらくそういう調べもやったと思う」

と証言しているが、その夜の取り調べは強殺についてであり、逮捕の日に行われた取り調べが捜査機関が目的としていた本件の取り調べであったことははっきりしている。

「お前が言ったアリバイは全部嘘だ」

「桜井昌司はお前とやったと言って謝っている」

「桜井賢司は八月一五日以降、お前はきていないと言ってるぞ」

自白の発端となる一七日の取り調べは、このようにして始まり、杉山の否認の理由をまったく認めないで、ひたすら自白だけを強要した。

杉山の述べるこの取り調べの状況は、

「桜井と杉山は共犯だという前提のもとに、取り調べをした。桜井が自供しているということは腹にあったから、こちらも自信がありました」

という久保木証言からもうかがわれる。

桜井と杉山は共犯だという予断にもとづいて、桜井の調書を見せつつ、杉山に対して桜井兄弟に対する不信感とアリバイの証明を奪われたことによる絶望感と、精神的混乱状態に陥れ、自白を強要したことは明らかな事実である。

「杉山が任意に自供を始めた」

というのは、嘘である。

しかも、調書の作成には、まず犯行を認めるむねの上申書を大木警部補が下書きして杉山に書かせ、被害者宅の内部の図面も久保木の誘導によって作成されたことは、疑いを入れない。

一一月一三日、有元検事に対し、杉山は犯行を否認した。有元検事は杉山の供述を真剣に聞き、告白を認め、無実を確信した。

逮捕以来の杉山の自白を獲得したことによって、強殺事件を解決、検察官の起訴を残すのみだと思い、被告人を拘置支所に移監し、捜査本部も解散した捜査当局にとっては、この犯行否認はまさに青天の霹《へき》靂《れき》であったろう。

犯行否認後、土浦警察への逆送までのブランクは、捜査当局の動揺ぶりを示す。この時期に、有元検事の更迭も論議にされたものと考えられる。

捜査当局としては、せっかく手に入れた自白をあくまで維持し、桜井、杉山の二人を本件犯罪の犯人として公訴提起にまで持ち込みたい意図で、再度の取り調べを開始した。

土浦警察への逆送はそのためであり、四六時中身柄を警察の手中におき、ふたたび虚偽の自白を迫ったのである。

大木、森井の取り調べと並行して、有元検事に交替した吉田検事が、自白を強要した。この取り調べが土浦警察の取調室以外の二階の部屋で行われたことは、杉山に対する取り調べがいかに被疑者を孤立化させ、強制的に行われたかを如実に語る。

被告人の公判廷での証言によれば、

「さきに作り上げられた自白調書にもとづいて検事が一方的に口述し、被告人に同意させるという方法でなされたもの」で、任意性などまったくない。

4

弁護団は数十通にのぼる自白調書のくい違い、矛盾について、次の五点を指摘した。
(1) 犯行現場にいたる経路について、桜井調書には、
「往きは表通り、帰りは裏通り」

とあるのに、杉山の調書には、

「往きも帰りも裏通り」

とある。
(2) 「勝手口の西側ガラス戸を開けて、今晩はと言ったら、被害者が八畳間南側のガラス戸を東に開

ある。

けて顔を出したのが見えた」

という調書が、何通か作成されているが、その地点の見通しは、タンスや壁にさえぎられて不可能である。

(3)「死体を動かしたか否か」

について、被告人の各調書の間に（杉山については警察段階と検察庁段階の間にも）くい違いがある。

(4)「金をいくら取ったか、その金をどう分けたか」

については、調書作成の都度変更があり、計一〇通以上もの組み合わせができている。

(5)桜井は便所の窓から逃走したことにされているが、便所の窓はその大きさからいって人が出入りすれば必ず窓枠がこすれるはずだが、こすった痕跡がない。

栄橋から被害者宅に行く経路の表通りと裏通りは、道幅、舗装の有無、街灯や商店の有無などまったく違う道路だから、思い違いや勘違いのあり得ないところである。

また、便所の窓下は鼻をつままれてもわからないほどの真っ暗闇だから、

「窓の下に靴をもってこさせ、窓から飛び下りて靴をさがしてはいた」

というのも、あり得ないことだ。

入るときはともかく、逃げる場合にわざわざ便所の窓から苦労して逃げる必要があるだろうか。

控訴審における証拠調べの結果、さらに矛盾がはっきりしたいくつかの点がある。

(1)被告人たちは金に困って犯行に走ったとされているが、当時杉山には亡母の残してくれた出し入

れ自由な預金が四〇万余円、他に保険証書などが二三万余円ほどあった。

確かに、彼はときどき知人に対し飲食物をたかったり、小金をまき上げたり、暴力をふるうなどしていたが、だからといって人を殺してまで金を取る必要はまったくなかった。
(2) 蛯原寅吉の昭和四二年一〇月二三日付けと一二月一四日付け各員面調書によれば、
「(彼は) 八月二八日午後八時半ころより一二時すぎまで、栄橋の真ん中辺にダットサン・サニーバン一〇〇〇ccを停め、衝突防止のために車の屋根に携帯用小型電気ニッコーライトを赤色の点滅にしてつけ放したまま橋脚(ピアー)の上で夜釣りをしていた」

という。

被告人らの各自白調書によれば、

「(被告人らは) 午後九時すぎ栄橋を渡って、布佐駅より電車に乗った」

とされているにも拘らず、この停車中の自動車に関しては一言もふれられていない。

調書の別の箇所ではすれ違った人の服装の特徴まで書き込まれているのにくらべ、この欠如はきわめて異常である。

以上のくい違い、矛盾のある事項は、いずれも捜査当局に明らかでないもの、もしくは失念により留意されていなかったもので、被告人らにとっても、もちろん全然知らないことである。

そして、これらのくい違いは、

「今度は本当のことを申し上げます」

「今度こそ本当のことを申し上げます」

「実は……で今度こそ、本当に本当のことを……」

と何度も何度も訂正されており、その訂正の理由はいずれも不自然、不合理で、納得がいかない。

大筋で一貫する部分、ないしは訂正、調整により確定した事項のいくつかは、その後明らかにされた客観的事実と明らかに矛盾する。

自白相互間、あるいは自白と客観的事実とのくい違いや矛盾について、「細部のくい違いはむしろ任意性の証拠である」とか、

「細部についてのくい違いがあっても、大筋において一貫していれば信用できる」

といった理論があるが、これらの論は誤りである。

自白の任意性、信用性を吟味する場合には、一般的、抽象的に「細部」だとか、「大筋」だとかを議論しても始まらない。

なぜなら、いくら「大筋が一貫」といっても、それが捜査当局にすでに明らかになっている事項にかかるものである場合には、犯罪を被告人を結びつける上において何ら信用性の担保にならないし、「細部のくい違い、矛盾」と言っても、いまだ捜査当局に知られていない事項にかかるものである場合には、任意性の保証とならないからである。

要は、大筋であると、細部であるとに拘りなく、捜査当局に知られていない事項に関するくい違いや矛盾があるのか。

もしあるとすれば、それらがどう整理、訂正されていったのか。

整理、訂正の理由は何か。

それは合理的であるか。

整理前、整理途中、整理後それぞれの自白内容が、その後明らかになった客観的事実と合致するか。

以上の観点から、吟味することが肝要だと弁護団は主張した。

第七章　再審請求

1

昭和四八年一二月二〇日、東京高等裁判所（第一二刑事部、吉田信孝裁判長）は控訴棄却の判決を下した。

弁護団は、最高裁判所へただちに上告の手続きをとった。

最高裁の刑事事件についての主たる任務は、憲法判断と法令解釈の統一に関する判断とされている。有罪か無罪かの判断はすでに第一審と第二審で尽くされているから、本来の任務だけに専念していればよいという考えだが、無罪の疑いが強いのに有罪にしたままでは、著しく正義に反する。これを正すこともまた、最高裁の重要な任務である。

だが、五三年七月三日、最高裁（第二小法廷、大塚喜一郎裁判長）は狭山、西山事件と同じく口頭弁論も開かず、裁判官全員一致の決定によって上告を棄却した。

桜井、杉山両被告人が真犯人であることに、合理的な疑いをさし挟む事実の証拠は何も発見できないとして、

「被告人らの自白が、捜査官の不当な偽計、誘導により得られた任意性のない内容虚偽のものと疑わ

せるものは見出しがたいとした原判決の判断は正当である」

「捜査官が、強制などによって被告人に対し自白を余儀なくさせたとする証拠も、記録上発見することができない」

「自白の信用性、真実性に疑いをいれる余地はなく、原判決は自白を唯一の証拠として被告人を有罪としたものでもない。補強証拠の数々は意義を持ち、その推論過程は、採証法則に背馳しない合理的なものと首肯しうる」

という判断を示した。


こうして、桜井、杉山両被告人の強盗殺人罪に対する刑は確定した。

しかし、二人は獄中にあっても無実の主張を止めなかった。

二審から弁護団に加わった柴田五郎弁護人も、最高裁決定に承服せず、

「確たる証拠もないのに、この有罪決定は著しく社会正義に反する」

と、日本弁護士連合会に支援を求めた。

間もなく、布川事件委員会が設置され、小高丑松《おだかうしまつ》弁護士が委員長となって事件に取り組むことになった。そして、昭和五八年一二月二三日、水戸地方裁判所土浦支部へ再審請求を申し立てた。

上告を棄却された確定判決に対して、事実認定の誤りを理由として認められる救済手続きが再審だが、その請求は原判決をした裁判所にする。

確定判決からすでに五年半の歳月が流れていたが、速やかに再審開始の決定をして、原判決の被告事

件について審理のうえ、無罪の判決を求めたものである。

六二年三月三一日、水戸地裁土浦支部（榎本豊三郎裁判長）は、申し立てを棄却した。弁護団はこれに対し、即時抗告を表明した。

事件を請求人（被告人）に結びつける証拠としては、二人の自白があるだけで、それも強制、誘導のもとに作られたことが明らかであるのみならず、客観的事実と矛盾する箇所が多い。補強証拠としては、わずかに現場付近で請求人らを目撃したという証言があるが、それぞれ多くの問題点を含んでいる。

それらの問題点を裏づけるため、法医鑑定、目撃者の新供述書など多くの新証拠を提出し、真相解明のために公判未提出記録などの開示、および証人や請求人らの尋問を強く要請した。

しかるに、裁判所は審理不尽のまま、安易に結論を急ぎ、不当な棄却決定を行ったというものである。

翌六三年二月二二日、東京高裁（第一〇刑事部、小野幹雄裁判長）は、

「再審請求事件において、請求人の側で提出した証拠以外にどの程度の証拠を収集するかは、裁判所の健全な裁量に委ねられている。裁判所は検察官に対しその手持ちの証拠書類、証拠物全部の提出を命じなければならないような義務があるわけではなく、本件においてはそのような命令を発し、職権でさらに証拠を収集しなければならないような事情があるとも認められない」

という裁判所の常套句をもって、申し立てを棄却した。

2

五日後の二月二七日、弁護団はこの棄却決定の取り消しを求めて、最高裁へ特別抗告の申し立てを行った。

申し立ての理由の一、「渡部供述は信用できない」とする主張について、要点を抜粋する。

検察側のこの「決定的証人」は、事件直後の警察の聞き込みが何度か行われたころには現れず、数か月後、突然、「被告人たちを目撃した」と重大発言をして登場した問題の人物である。

(1) 渡部は、確定一審、二審を通じて、布佐モータースからの帰途、玉村方で鶏を絞め殺すような悲鳴を聞いたこと、そのことを事件直後警察の聞き込みに際し、また検察官に事情聴取される直前、警察の事情聴取のときに話したむね、終始一貫して供述している。

(確定一審、八木下弁護人)

――証人は、本件に関し、警察で取り調べを受けたことがありますか。

「あります」

――それは事件後どれくらい経ってからですか。

「事件後、四、五日経ったころ、刑事が私の家にきました」

――どうして刑事が証人の家へきたのですか。

「私は妻に悲鳴を聞いたことを話したので、そのことで刑事が調べにきたのです」

（確定二審、土生弁護人、主任弁護人）

——そのとき証人は、時間が九時一五分であるということの他に、どういうことを話しましたか。

「叫び声が聞こえたと話しました。絞め殺されるような声がした、と言いました」

——その一週間の間に、晩九時一五分ころに絞め殺されるような音を聞いた、と警察に喋ったね。

「はい」

——さきほど、四、五日後に警察に問題の晩に二人の男を見た、絞め殺される声を聞いたということも言った、と述べたが、それは間違いないのですか。

「絞め殺される声を聞いたのは話しましたが……」

（確定二審、七回、主任弁護人）

——事件から半年以上経った翌年の三月ころ、検事に呼ばれ調書をとられたね。

「はい」

——それまでの間に、事件後四、五日というのは除いて、どこからか呼ばれるか警察がくるかして、事情を聞かれたことはないですか。

「あります」

——容疑者が逮捕されたという新聞発表のあった後か前ですか。

「後からです」

——どういうことを聞かれましたか。

「自分が通ったとき、絞め殺されるような声を聞いたと自分から言ったのです」

(確定二審、九回、主任弁護人)

――証人のところに、第二回の調べが入ったのは、その年ですか、それとも年が明けてからですか。

「わかりません」

――取手署で検察官の調べを受ける直前でしたか。

「直前だと思います」

――もう少し詳しくいうと、事件直後にきたとき、聞き込みで鶏の絞め殺されるような音を聞いたというが、それは間違いないのか、ということを聞かれたのではありませんか。

「そうだったかもわかりません」

――それに対して証人は何と答えたのですか。

「そういう音を聞いたようだ、と話しました」

⑵　悲鳴の件は、いずれの捜査報告書にも記載されていない。渡部がもし真実玉村方において悲鳴を聞き、それを聞き込みにきた警察官に話したのであれば、その事実は当然、員面調書(司法警察員面前調書)なり捜査報告書に記載されているはずである。
昭和四二年九月三日の時点で、渡部が犯行時間と推定される時間帯に被害者方前を往復していることを警察は本人から確認しているのだから、通行時に悲鳴を聞いたという事実があれば、捜査官がこれを見逃すことはあり得ない。

ところが、この日の捜査報告書（捜報）には、悲鳴のことなど、まったく記載されていない。作成経過について問題がある42・9・20捜報にも、悲鳴のことは全然言及されていない。渡部は前述のとおり、検事に取り調べられる直前に警察官に調べられ、そのときにも悲鳴の件を話したと公判廷で供述している。

43・3・6捜報が右の供述に符合する警察の取り調べと考えられるが、驚くべきことには、43・3・6捜報にも帰路悲鳴を聞いたという件は、まったく記載されていない。

(3)　警察官に悲鳴を聞いたことを話したという公判廷における渡部証言は、自身が現認し記憶していない事実を、作為的に供述したことが明らかである。

真実警察官に話したのであれば、当然員面調書なり、捜査報告書に記載されるはずの重要事項が、新証拠である42・9・3捜報、42・9・20捜報、43・3・6捜報のいずれにも記載されていなかった。

このことは、渡部が悲鳴を聞いたことを警察官に話したことはなかったことを示す。

従って、公判廷における警察官に話したという供述は、嘘である。

(4)　悲鳴を聞いたこと自体信用できない。

悲鳴を聞いたことが登場するのは、43・3・13検面（検察官面前調書）にいたってからである。

「たとえて言うと、鶏を絞め殺すときの鶏の悲鳴のような物音を聞いたような気がした……」と記載されている。

これ以降、渡部は悲鳴を聞いたむね供述する。

しかし、この検面の供述は、事件発生後六か月あまりを経てから突然なされたもので、検面の直前に作成された43・3・6の捜報にすら現れていない。

起訴状によれば、請求人たちが玉村象天を殺害したのは午後九時ころとされている。

渡部はそのころ、玉村方前を通っていると供述している。そこで検事が悲鳴のようなものを聞いたことがないかと尋ねる。それに呼応迎合したなされた渡部のつぶやきが検面調書前記記載部分である。

「……聞いたような気がした……」

という自信のない表現が暗示・迎合を裏付けている。

（確定二審、七回、裁判長）

——弁護人も聞いたことだが、どういうわけで（帰宅時間を）一五分なり二〇分なり遅らせると関わり合いにならないと思ったのか。

「（悲鳴を）聞いたのが自分の錯覚かも知れません」

このようなことまで供述しているのに、なお悲鳴を聞いたのは間違いないと判断するのは、合理的な事実の認定とはいえない。

渡部は、通常人であれば、およそ不吉な予感などするような場面でないところで、不吉な予感が働く人間である。自分が犯行が行われていたと思われる玉村方を通過するときのことを、事件後六か月以上経った時点で思い出し、犯行現場と結びつけて、

「鶏の悲鳴のような物音を聞いたような気がした」

と空想しても不思議ではない。

帰路悲鳴を聞いたということ自体、信用できない。

なお、確定三審は、帰路悲鳴を聞いたことを秦鑑定の犯行時刻推定の合理性を担保する一証拠として援用しているが、これも誤りである。

3

⑴　帰宅時間について（確定一審）

渡部は、布佐モータースを出発したのは午後八時三〇分過ぎで、帰宅したのは午後九時少し前であったと供述している。

（検察官）

――そのとき、何のテレビを見ましたか。

「ちょうど、『俺は用心棒』というテレビが始まるときで、私はそこで三〇分くらい、そのテレビを見せてもらいました」

――証人が店へ帰った時刻は。

「私は先に見てきたテレビの続きを見ようとして、一〇チャンネルをまわしたところ、ちょうどニュースの終わったところでした」

――そのニュースの開始時刻は。

「時刻はわかりませんが、このニュースは『俺は用心棒』の後にやるニュースと思います」

さらに渡部は、事件直後の取り調べの際、警察官に午後九時一五分過ぎに悲鳴を聞いた（帰宅時間は午後九時一五分以降になる）と言ったのは嘘であったとまで供述している。

（裁判長）

——最初、証人は刑事の取り調べを受けた際、時間の点について、どのように述べたのですか。

「私は刑事に午後九時一五分過ぎに悲鳴を聞いたと嘘を言いました」

⑵　確定二審の供述
渡部は、確定二審においても、「俺は用心棒」という番組を最後まで見ないで、途中で布佐モータースを出発したと終始一貫して供述している。

（佐伯弁護人）

——布佐モータースに行って帰りのことだが、何時ころ布佐モータースを出たか。

「八時半過ぎだと思います」

——坂巻さんのところへ私が行って聞いたときは、最後まで見て行ったように思う、と言ったがどうか。

「八時半過ぎと思います」

（主任弁護人）

——さきほど証人は、布佐からの帰りの時間は、証人自身としては九時過ぎと思っていると証言しましたね。

「ほんとうは九時前です」

（石井弁護人）

――この検察官調書には、「その放送は夜八時から始まり、終わるのが八時五五、六分ころなら、そのころ出発したように思います」とありますが、そのときはそのように記憶していたのですか。

「これにはそう書いてありますが、そのときは途中で帰ったように思うのです」

このように、渡部はみずから検察官に供述した事項まで否定して、布佐モータースを午後八時半過ぎに出発し、自宅に帰ったのは午後九時前だと供述している。

しかし、

「事件直後、刑事に帰宅時間について九時一五分過ぎと嘘を言った」

という一審供述を、次のように訂正している。

（裁判長）

――四、五日後警察がきて、帰った時間について証人は九時過ぎと思うと述べたが、そのときは自分でほんとうは九時前だったということを知っていて九時一五分とわざわざ遅らせて言ったのか、それとも、証人は九時一五分とほんとうに思っていたのか、その点はどうか。

「そのとき警察に聞かれたときは、自分は九時一五分過ぎだと思っていました」

(3)　確定一、二審前の供述

新証拠である42・9・3捜報には、

「布佐モータースに立ち寄って『俺は用心棒』というテレビを見てすぐそこを出て……」

42・9・20捜報には、

「布佐モータースに立ち寄り、午後八時五六分ころまでやっている『俺は用心棒』というテレビを見てすぐに……」

と記載されている。

43・3・6捜報「午後九時ころと思う」

43・3・13検面「見終わって出たような気がしているので、その放送は夜八時から始まり、終わるのが八時五五分ころなら、そのころ出発したように思います」

以上のとおり、渡部は、確定一、二審において証言する前は、刑事や検事に対し、終始一貫「俺は用心棒」を見終わってから、布佐モータースを出たと供述している。

(4) 渡部が午後九時以前に帰宅したことは客観的にあり得ない。
検証調書によれば、平均時速三〇キロメートルのバイクで、布佐モータースから紀州屋前まで三分五〇秒かかっている。そこから玉村方前までの距離は一三〇メートル、玉村方から渡部方までの距離は四五〇メートルあるから、布佐モータースから渡部方までの距離は五八〇メートルとなり、この間約七〇秒かかる。

従って、布佐モータースから渡部の家までの所要時間は、約五分の計算になる。「俺は用心棒」を見終わってすぐ布佐モータースを出発し、途中停車しなかったとしても、自宅に到着したのは午後九時過ぎということになる。

渡部は、横町バス停でバスを待っている役場の山中に会ったと、確定一審で供述している。

山中は八月二八日の夜、大利根交通の終バスで帰宅し、バスの横町発着時刻は午後九時一五分であった。多少バスが早くきたことを考えても、渡部がバス停付近を通過した時間は午後九時を過ぎていたと考えるのが合理的な推定である。

渡部は、さらに、横町の丁字路を玉村の家の方へ左折し、豆腐屋の前にきたあたりで「不吉な予感」がして煙草を一服したと述べているから、かなりの時間が経過したことがうかがえる。

(5)　渡部が午後九時以前に帰宅したことは客観的にあり得ないことがわかったが、では、確定一、二審の供述は、

時の経過による記憶のずれであったろうか。

それとも、誠実にそう思って証言したのであろうか。

「否」という答えしか出てこない。

理由の第一は、(3)で考察したとおり、渡部は一審で証言する前は終始一貫して、「俺は用心棒」を見終わってから、布佐モータースを出た。つまり午後九時過ぎ現場通過、帰宅と供述していたのに、一審で突然、「俺は用心棒」の途中で布佐モータースを出発、午後九時前に現場通過、帰宅と供述を変更した不自然さがある。

第二は、二審で、

「帰宅時間について、『刑事には九時一五分過ぎと嘘を言った』と一審で供述したのは、実は嘘で、警察に聞かれたときは、自分は九時一五分過ぎだと思っていました」

と刑事に嘘を言ったことが実は嘘だったと供述しながら、なおもテレビの途中で出発したこと、つまり午後九時前の現場通過、帰宅に固執している異様な態度が指摘できる。

第三は、途中で出発したことに固執する理由に関連する。

（確定二審、七回、土生弁護人）

――それ（悲鳴のことを警察に）を言ったときは、何時ころ玉村さんが殺されたかわからないときですね。

「だいたい聞いていていました」

――何時ころと聞いていたの。

「九時前だと聞いていました」

この供述から、渡部が玉村の殺害が九時前に行われた、と認識していたことがうかがえる。

帰路の目撃を玉村の殺害と結びつけるため、現場通過時間および帰宅時間を自己の記憶に反してでも、九時前と供述しなければならない理由があったのである。

4

この他、渡部が現認し記憶していない事実を作為的に歪めて供述したり、空想によって次から次へと脚色を加える傾向は、その供述の変遷を見れば明らかである。

加えて、次の三点に、渡部証人の迎合的性格が顕著に現れている。

(1)　桜井請求人を思い出した時期について次のように述べている。

「犯人の写真が新聞に出たとき、その写真を見て、『桜井であったっけ』ということを思い出した」（43・3・6捜報、および43・3・13検面）

ところが、同じ検面の問答形式で、現場通過時に桜井とわかったむね、供述を変更している。

――車のライトの灯りで振り返った背の低い方の顔を見たなら、そのとき、これは誰だと判りませんでしたか。

「実は証人に立つのがいやだし、家族が反対するので言い切れなかったのです。桜井だと思いました」

いったん桜井を見たと言ってしまった以上、証人にならざるを得ないし、思い出した時期いかんは渡部自身にとって関係のないことであり、供述変更の合理的理由になっていない。

顔を見ながら、その場で誰か判らなかったのでは信頼できないと心配した検事が、誘導尋問を行い、渡部はこれに迎合した。

(2)　帰路二人の目撃状況について、

「……当時は別に気にも止めず家へ帰ってしまった」(43・3・6捜報)
「この場合は、私からの距離がかなりあったので、この二人の人物の見分けはつきません」(43・3・13検面)
と記載され、八木下弁護人の質問にも、
「誰かわかりません」(確定一審)
と答えている。
ところが、同じ一審で、裁判長の誘導質問に対し、帰路の二人は往路に見た二人と同じだと思う、と供述している。
――そのとき、証人は、右の二人は、往きに見た二人ではないかなあと思ったことは。
「そう思いました」
はっきりしない記憶が、誘導により明確な識別に変えられていく過程が見てとれる。

(3) 渡部証人は妻に言われて、九時前に帰宅したと思うようになった、と供述している。
(確定二審、七回、土生弁護人)

――証人のそのときの証言は、時間の点と殺されるような声を聞いた、ということですか。

「その時間は、私は九時過ぎだと思いましたが、家の者が、帰ってきてテレビをつけたので九時前だ、と言っており、そのへんがわかりません」

――証人の記憶でなく、家の人が言ったことから判断して言ったことですか。

「はい」

渡部証人の妻は、証人が帰宅したとき、伯母の相手をしていたと思われ、証人の帰宅時間に注意が向いたとも思われず、妻にとって帰宅時間の一五分ないし二〇分の誤差などどうでもよかったはずである。ほんとうに、妻が帰宅時間を訂正する発言をしたのか大いに疑問がある。

誰かに、言われると自分の記憶に反してでも、それに迎合するよう供述を変更してしまう特性がここにも顕著に認められる。

5

(1)　不吉な予感

(確定一審、検察官)

――その二人の背丈は？

「一人は背の高い人で、他の一人は低い人でした。このとき、私は何か不吉な予感がしたので、単車を止め、ちょっとバックして豆腐屋の前で煙草を一服しました」

八木下弁護人から、不吉な予感がした理由について聞かれ、

「自分が脅かされるのではないかと思った」

渡部は、裁判長の尋問で、帰路目撃した二人が、往路目撃した人物と同一であったことを認めている。知っている人物なら、恐れる必要がないではないか、と裁判長に尋ねられ、

「私は以前、単車に乗っていて酔っ払いにぶつかったことがあるので、そのときさようなことを考えました」（確定一審）

（確定二審、石井弁護人）

――わからないものを見て、不吉な予感がしたのはどうしてですか。

「何か知りませんが、ふつうでは考えられない精神状態です」

渡部は、帰路も往路同様、いつも通る道を犯行などまったく予期しないで通り掛かったはずである。前方に人影を認めたくらいで、なぜ不吉な予感がしたのであろうか。

検証結果によれば、被害者方より一三〇メートル離れた紀州屋およびそれより六メートル被害者寄りの東亭のいずれの地点からも、被害者方にいる人物の性別、身長の高低など識別できなかったと報告されている。

人影の性別すら判定できない地点で、ほんとうに不吉な予感がしたとすれば、それは真実「ふつうでは考えられない精神状態」ということになる。

不吉な予感がしたのに、停車し、煙草を一服したというのも非常に奇異な行為である。

不吉な予感がしたのであれば、一刻も早くその場から逃れて帰宅しようとするのではなかろうか。なぜ、現場で五、六分も道草をくったのだろうか。

それほどの危惧をいだいたのであれば、近くにいた自転車を掃除していた人に話しかけるなどできたはずだ。

渡部証人および検事は、被害者宅の方に横断した人物が悲鳴を出させたと想定している。

横断を目撃した地点から、被害者宅までバイクで行けばものの数秒しかかからない。

この短時間に、犯行はとうてい不可能である。

横断を目撃したときと、悲鳴を聞いた時間との間に、少なくとも五、六分の間隔を作り出す必要が出てくる。

そこで不吉な予感――停車――煙草一服、という時間作りが考えられた、という疑いも残る。

(2)　ノイローゼ

（確定二審、七回、土生弁護人）

――四、五日経って警察にそういう証言をするようになった理由は。

「あそこを通ったのが自分しかいなかったのです。自分の心に嘘をつかないために言ったのです」

しかし、渡部はすぐに現場を通行したのは自分だけではなかったことを認めざるを得なくなった。

――それなのに、自分だけ現場を通ったというのはどういうわけ。

「帰りに声を聞いたので、夜寝られなくなり、ノイローゼ気味になって、それが原因で言うようになったのです」

警察に現場通行を申告した理由が、自分しかいない云々からノイローゼに供述を変更した理由は理解に苦しむ。

ここで初めてノイローゼが登場してくる。

(3)　予知能力、霊感

新証拠である弁護人調書に、渡部は予知能力や霊感が働くこと、および請求人たちの顔が浮かび上がったのもそれが働いたからだと供述している。

――渡部さんは、さきほどから予知能力とか、霊感が働くとおっしゃっていますが、杉山と桜井の顔が浮かび上がったのも、そのためですか。

「うまく説明できませんが、そういうものがあると思います」

――帰りのとき感じた不吉な予感というのも、予知能力とか霊感と関係がありますか。

「はい」

――警察や検察で事情を聞かれたとき、予知能力や霊感のことを話しましたか。

「いいえ、話していません。話すとノイローゼ扱いされるかも知れませんので、話しませんでした」

予知能力や霊感は、確定審における不吉な予感や、ノイローゼと共通の根をもっている。それはいずれも特異な心理現象である。それゆえ、事件が発生して一六年後の供述であることを理由に、それを軽視することはできない。

予知能力や霊感が働く人は、物事をありのままに観察する態度に欠け、予断や偏見に支配されて物事を観察しがちである。

また、記憶の再生過程においても、記憶の希薄になった部分を予断や偏見に基づいて補いがちである。

確定二、三審は、

「ノイローゼは往路請求人を見たという渡部証人の供述の信用性に影響を及ぼさない」

と判示している。

しかし、渡部は単なるノイローゼ気味なだけではなく、予知能力、霊感という特異な精神作用の持ち主なのである。この点も併せて考察すると、そのような結論にはならないはずである。

6

注意を引かれることがあって、ある人物を見る場合と、漠然とその人が目に入った場合とでは、識別の正確さには当然相違が出てくる。後者の場合、なにも記憶していないというのが普通である。
(1)　渡部証人は、往路被害者方前の人物の容貌に有意的な注意を向けていなかった。八月二八日の夕方、布佐モータースへ洗濯物をとどけるため、いつも通る玉村宅前の道をバイクで通行したにすぎない。被害者の家の前に二人の人物が立っていたとしても、特別注意をひかれる行動でもないかぎり、ただの通行人としか目に入らなかったはずである。
(2)　渡部の往路通過時とほぼ同じ時間帯に被害者宅前にいる人物を目撃した白戸栄は、次のように供述している。
(確定二審、裁判長)

——そのころの明るさはどうだったか、二五メートルくらい離れた人の顔が見えるくらいの明るさですか。

「暗くて、人の顔の見分けはつかないくらいの明るさでした」

渡部自身、暗かったことを認め、接近しなければ顔はわからないと述べている。

検証結果によれば、被害者方から四〇メートル公民館寄りの地点では、暗くて人の存在が確認できる程度で、男女の識別すらできなかった。

また、被害者宅から二〇メートル北方の地点で、バイクの前照灯を照らしても、誰であるかの識別は困難であった。しかも、これは静止状態での検証結果である。

(3) 速い移動の過程で行われた瞬間的な識別はさらに難しくなる。
(確定一審、検察官、弁護人)

――そのとき、証人は、どの程度の速さでそこを通過しましたか。

「時速約三〇キロくらいです」

――そのとき、証人は、単車のブレーキをかけたり、スピードを緩めたりしたことは。

「ありません」

渡部証人は、往路時速約三〇キロで走行中に二人の人物を目撃している。

「私の単車が桜井のところへ二メートルくらいの距離に接近したときに、桜井が振り返ったのです」

「桜井は、私のライトの方を向いて、すぐ顔をもとに戻してしまいました」

このときの識別可能時間の上限を計算すると、2m÷8・333m(秒速)=0・24(秒)という一瞬の間になる。

⑷　後ろ姿の人物を識別することは困難である。

バイク走行中、この一瞬の間に二人の人物を識別し得たであろうか。

しかも、そのうち一人は、顔を見て識別したことになっている。もう一人は、後ろ姿だけで識別している。

(43・3・6捜報)

「背の高い方は私から見て先、低い方は手前の方に立っていた」

「背の高い方の男は……杉山という男に似ていたが、後ろ姿なので、判然としなかったが、だいたい杉山らしいとわかった」

(確定一審の供述)

「……桜井が振り返って私の単車のライトの方を見たので、私は桜井の顔を見たわけです」

「杉山は、道路の方を向いていたので、わかりました」

「玉村方前にある溝をはさんで、杉山が玉村方の方に、桜井が道路の方にお互いに向き合って立っていました」

(確定二審の供述)

「下水溝の家側に一人いて、もう一人は下水溝をまたいで立っていました」

「どっちがどうか忘れましたが、一人は背を向けていたと思います。二人は向かい合って立っていました。玉村さんの家の方にいた人は、道路側を向いていて、もう一人は玉村さんの家の方を向いていました」

(5)　短時間に二人の人間を識別することは、ほとんど不可能である。

弁護団の識別実験結果によれば、自らバイクを運転する被験者七名中、前方に立っている二人をともに識別できたものは皆無で、うち三名がいずれか一方を識別できたにすぎない。

この実験の被験者は、前方に立っている二人を何とか識別しようと有意的注意を向けていたが、それでもこの結果である。

双方とも横顔が見え、渡部の目撃条件よりも有利な条件においてすら、二人をともに識別することはできなかった。

(6)　桜井は既知の人物とは言えない。

43・3・6捜報には、

「桜井は当時洗濯物は頼みにきておりませんでしたが、以前中学を卒業したばかりのころと思いますが、私の店に洗濯物を頼みにきていたし、また布川の床屋などへ行ったとき桜井はよく遊びにきていたので知っていた」

43・3・13検面には、

「桜井の方は、たしか高校在学中のころ、布川の石塚床屋でお互いにお客として一緒になって会ったのが最後だと思っていますが、あるいはその後であったかも知れません。私の記憶に残っているのは、その床屋で会った場面でした。そのときまだ中学生だと思っていたのですが、あとで高校に通っているとわかりました」

と記載されている。

確定一審においては、

「桜井は中学生のころから私の店へ出入りしていましたので、同人の名も顔もよく知っていました。私の店へは、同人の兄の方がよくきています」

と供述し、前の捜報や検面とはまったくニュアンスが違っている。

（確定二審、七回、土生弁護人）

――証人は被告人の桜井昌司をいつから知っていたのですか。

「中学に行っているときです」

――どういう関係で知っているのですか。

「クリーニングの関係で、洗濯物を持ってくるので知るようになりました」

――月にどのくらい持ってくるのですか。

「めったにありません」

確定一審の店によく出入りしていたというニュアンスがかなり弱められている。

供述の変遷から見て、桜井は昭和四二年八月当時、洗濯物を渡部の店に頼みにきていなかったのであり、渡部の記憶としては、桜井が高校在学中のころ、布川の石塚床屋で会ったのが最後であった。

桜井は昭和三七年四月茨城県立竜ヶ崎第一高等学校に入学したが、一年の半ばで中退している。従って、渡部が桜井と最後に出会ったのは、昭和三七年中ということになる。

事件が起きた昭和四二年八月二八日の時点では、最後に会ってから五年近く経過しており、その間会っていない人物はとうてい、

「日頃、熟知している」

とは言えない。

弁護団は、以上の理由を挙げて、渡部証人の信頼度はきわめて低く、客観的識別条件も悪く、その供述の信用性は著しく低いと結論している。

第八章　舵のない船

1

平成二年三月二〇日、小高弁護士といっしょに千葉刑務所を訪れ、桜井、杉山両君に面会を申しこんだ。ずっと以前から会いたく思っていたし、再審開始まで今しばらくの辛抱だからと激励の言葉をかけたかった。

だが、小高さんが案じていたとおり、かなり待たされた挙げ句、面会は不許可となった。弁護人と親戚以外はまかりならぬとのお達しである。せっかく持参した土産の品も突き返された。

「小菅の刑務所では、面会を許してくれましたがね」

思わず、愚痴が出ると、

「千葉はとくにうるさいんですよ」小高さんが慰めるように言った。「それに、拘禁二法以来の法務省の締めつけが、こんなところにも波及しているんですね」

やむなく、小高さんに桜井、杉山両君に代わって話を聴いてもらった。いろいろ尋ねたいことはあったが、時間も限られており、どのようにして嘘の自白に追いこまれたか、取り調べの状況に質問をしぼった。裁判官と同じく、一般の人が不思議に思うのは、自白すれば重い罪に問われることはわかりきっているのに、なぜ身に憶えのない犯行を認めてしまうのかという疑問だ。

最初は、桜井君の話である。

——都内十条で突然、早瀬警部補と深沢巡査に逮捕され、取手警察署に着いたときは、真夜中を過ぎていました。夜風に金木犀が薫っていたのを、今もおぼえています。

「友人のズボンの件で聞きたい」

というので、柏市内の質屋へ入れたことを話し、取り調べは簡単に終わったが、八月中旬からの行動と、アリバイについてしつっこく尋ねられました。

玉村さんが殺された事件で調べられているとは全然知らず、事件が発生したという八月二八日についても、その夜泊まったのが義兄の藤ヶ崎の家だったか、友だちの渡辺民弥の家だったか、兄賢司のアパートだったか、はっきりしませんでした。

「もう一度、二八日のことをゆっくり考えてもらうか」
二、三日後、またも同じことを言われ、初めて玉村さんの事件で調べられているのかも知れないと感じました。さらに、犯行容疑が自分にかかっていると知ったのは、
「二八日の行動が思い出せないというのは、布川へ行ったことを隠そうとするからだ。その件を話さずに、本当のことは話せないだろうが」

と、早瀬に言われたときです。

この時点から、犯人扱いになり、

「玉村さんを殺したことを認めずに、真実が話せるか。隠し通せるものではないから、素直に話せ」

そういった言葉を次から次へ浴びせられ、アリバイも思い出せないまま、袋小路へ追いこまれた気持ちになりました。そして、

「おまえと杉山を玉村さんの家の前で見た人がいる」

と早瀬からいわれ、いきなり思ってもいなかった杉山と共犯にされたときは、愕然としました。

「おまえの母ちゃんも、やったことは仕方ないから、一日も早く素直になって話せと言っているぞ」

と聞き、家のものまで自白しろというようでは、どうにもならないと心細くなりました。

嘘発見器にかけられたときも、これで真実がわかってもらえると思っていたのに、

「おまえの言うことは、すべて嘘と出た。もうダメだから、本当のことを話せ」

と早瀬にいわれ、呆然としました。

「突っ張っていると、死刑もあるぞ」

と威《おど》され、命が助かるには認めるしかないという考えと、自分の無実は最後には判るという一見相反する考えのなかで、とにかく目の前の袋小路の苦しみから抜け出すことしか考えなくなり、その自己弁護として、犯人でないことをアリバイで証明できない以上、いったんは犯人と認め、その調べのなかで潔白を証明するより方法がない。罪を認めたところで、自分が犯人ではないのだから、そのうち矛盾が出て、かえって無関係なことが判るだろうという馬鹿な考えになってしまいました。

連日、長時間にわたって繰り返される精神的拷問から抜け出すには、罪を認めるしかなかったのです。

「認めてやるよ。認めてやるけどその代わり、自分が犯人じゃないと分かったら」悔し紛れに早瀬に

捨て台詞を残しました。「馘《くび》を覚悟してもらいますからね」


次は、杉山君の話。

「桜井が、おまえと二人でやったと言っているぞ」

と刑事に言われたときには、ひどいショックでした。また、アリバイについて、

「賢司（兄）はおまえと一緒じゃなかったと言っている」

と言われ、昌司と賢司で強殺をやったのではないかと思いました。

罪のなすりつけに、友だちに対する不信感がつのって行きました。

「否認していると死刑になるぞ。死刑になってからじゃ遅いんだ」

そう言われ、恐ろしくなりました。

「杉山も母親が生きていたら、悪くならなかったろう。周囲の人たちも、もっと温かく見てやれば……」

そんな話をされ、母親の死に目にも会えず、親孝行もできず、ただ自分が惨めになるばかりで、暗い思いに絶望状態へ追いこまれました。

両親もいないし、誰に頼ったらよいか分からず、頭の中が混乱していました。人間に対する不信感からやけっぱち、自暴自棄になって行ったのです。

桜井兄弟が嘘を言っているという思いが、いちばんの苦痛でした。

「認めるまでは、いつまでも調べる」

と取調官は一歩も譲らず、いくらやっていないと言っても信用してくれず、同じことの繰り返しです。

「私がやりました」

と結局、嘘を言うことによってのみ、刑事が信用してくれる奇妙な世界なのです。

（この泥沼から抜け出すには、自白という切符しかない）

と悟り、取調官に聞きました。

「昌司がほんとうに俺とやったと言っているんですね」

「そうだ、そう言っている」

「昌司がそう言っているなら、いいです。しかし、俺は事件の内容がわからないから、昌司の言っているとおり書いてください」

とうとう、そこで負けてしまったのです。

このときの私の気持ちは、全然関係のない強盗殺人という事件で犯人あつかいされ、なにを言っても信用してくれない警察と、出鱈目を言っている昌司と賢司に対して、怒りと悔しさで涙が出てきてしまいました。

その後、調書を作成する作業にかかったわけですが、その前に上申書というものを書かされました。

久保木が紙を持ってきて、

「これに書け」

と言うので、尋ねました。

「どういうことを書くんですか」

「書き方はこちらで教える」と言い、

「強盗殺人をやったのは間違いなく、被害者や世間の人たちに申し訳ありません」

という文章のひな形を示し、その通りに書かされました。

それから、第一回目の自白調書作成に入りました。取り調べの方法は、一例をあげますと、まず大木が大学ノートを持参していて、八月二八日はどこで起きて、どこを通って、どういう順序で被害者の家まで行ったか、途中誰かに会わなかったか——そんなことをいろいろ尋問するのです。

私は事件には関係なく分からないので黙っていると、

「我孫子で、佐藤に会わなかったか」

と聞かれました。

「わかりません」

「桜井は佐藤に会ったと言っているぞ」

「そんなら、会っているかも知れません」

と答えると、大木が例の大学ノートへ書きこみました。

「後は誰に会ったか」

「誰にも会っていない」

「二八日のことに限らず、その前後の日でもいいから話せ。玉村さんのところへは、何回行った」

そんなやりとりになり、わからないまま、

「一回じゃないかな」と出鱈目を言うと、

「いや、違うだろう、桜井は二回行ったと言っているぞ」

「それなら、そうかも知れません」

と、こういういい加減な問答が繰り返され、そのたびに大木がノートに記し、その中から適当なものを選んでまた訂正して、そして最後に調書に清書するという方法でした。

一回目に行ったときの図というのと、玉村さんを殺して金を奪ったときの室内の様子という図面も、刑事がチラチラ図面を見せては誘導し、それによって長い時間をかけて何度も描き直させられ、やっとできあがったものです。

被害者ともみあった箇所など、

「お前がいつもケンカしている要領を言ってみろ」

と言うので適当に答えると、

「蹴ったり、殴ったりした」

ということにされました。

「そのとき玉村さんは、何と言った、人間が最後の土壇場になっていうことは決まっているからな」

と久保木が言い、

「助けてくれよう」

と被害者が言ったとされました。

「布は誰が押し込んだ、足は誰が縛った」

「わかんない」

「桜井は、おまえが口の中に布を押し込んだと言ってるぞ。足は桜井が縛ったんだな」

と、刑事が勝手に決めてしまいました。

被害者宅の床下が落ちていたのは、事件発生当時、町の噂でも聞いていましたし、久保木からも図面を見せられて分かりましたし、噂で畳の下の床が抜けてその所から金が奪われたということも聞いていたので、そのとおり調書にされました。

奪った金が一〇万円とされたのは、最初久保木が、

「いくら金取った？」

「全然取ってなんかいないよ」

「そんなはずがあるか、いくら取ったんだ、さあ早く言え」

と言い、私は町の噂で四〇〇万円くらい取られたという話を聞いていたので、

「じゃ、四〇〇百万円くらいか」

「そんなにあるはずないだろう、さあ、いくら取った」

「じゃ、五〇〇〇円くらいか」

「そんなに少なくはない」

「俺はそんな金いくら取られたかわかんねえよ、勝手に書いてくれ」

「杉山よ、何万円かくらいだから、そこのところ適当に話せよ」

「じゃ、一〇万円くらいか」

と、そこで久保木はうなずいて、奪った金は一〇万円くらいとされ、その後もずっと調書に一〇万円

くらい奪った、と書かれたわけです。

2

二人の話を聞くと、警察の調書というのがいかにいい加減に作られていくかがよくわかる。一審の裁判官があれだけ被告人質問をしながら、自白の任意性に疑いももたず、有罪を宣告してしまったのは信じ難い。連日、深夜まで、八、九時間から一三時間にもおよぶ長時間の取り調べを続行し、被疑者を疲労困憊、絶望的状態におとしいれて、どうしてそれが心理的拷問といえないだろうか。そのような取り調べの結果得られた自白に、任意性など認める方がどうにかしているのだ。調書がどのようにして作られていったか、取り調べの客観的状況には目を向けないで、被告人が公判廷で言うことを最初から信じようとはしないのは、抜き難い裁判官の予断で、戦前の裁判の自白偏重の意図的温存にほかならない。

「裁判官が捜査を盲目的に信じているのは、恐ろしいことですね」千葉駅構内のあまりうまくない天ぷらやで早めの夕食をともにしながら、小高弁護士がぼやいた。「検察官が起訴したからには、当然それなりの理由があって、被告人は有罪だと考えてまず間違いはないと考えている。捜査に対する絶大な信頼と依存が、同じように高裁や最高裁の裁判官を誤らせているんです」

「笑い話だけど、ある事件で起訴事実に対する意見陳述のとき、被告人がそんなことはまったく身におぼえがないと言ったら、身におぼえがないものを検察官が起訴するはずはないだろう、と裁判官が叱ったというんですね」

冗談を言うと、小高さんが首を振った。「それは、笑い話じゃなく、実際にあった話ですよ。弁護人も頭にきて、そうすると裁判所は、起訴された事件というのはみんな有罪だと最初から決めてかかるのかと食ってかかったら、いや今のは冗談、と裁判官がとり消した。裁判という神聖な場所で、被告人につまらぬ冗談を言っては困ると弁護人が抗議して、それで収まったというんです」

「検事調書を裁判官が信用し過ぎるのは、日本の裁判の癌ですね。被告人が公判廷でいくら本当のことを言っても、こいつは罪を逃れようとして嘘を言っているんだという予断と不信の目で見る」

「やっていないと言うのに、どうして本人たちは犯行を詳細に述べることができるんだという疑いの目で見るから、捜査官があらかじめ事実を知っていて誘導した事実に思い至らない」

「逆に、桜井君と杉山君が盗んだという金のあり場所や額、分配の場所と額など、肝心な金について供述がはっきりしないのは、これは捜査官も知らないことで、ああいういい加減な取り調べで調書をとるからでしょうね。財田川事件をちょっと思い出したんですが、あの場合も、金の部分が曖昧だった。盗んだ金は、被告人が自宅から連行される途中、いっしょに乗っていた何人かの警察官の目を盗んで、外へそっと捨てた、とおよそあり得ない不自然な供述になっています。自白調書が一方では微に入り細にわたっていても、もう一方では非常に曖昧なのは、冤罪に類型的なパターンですね」

「それを裁判官は、自白が信用できないのは部分的で、全体としては信用できる。自白以外に証拠がないのは、独り暮らしの老人で夜間の犯行だからやむを得ない、と片づけて有罪にしています」

「被告人たちが、なぜあのような供述調書を取られてしまったか、犯行を一時的に認める以外に逃れる術のなかったこと、供述が具体的なのは誘導と脅し、あるいは騙された結果だと繰り返し述べているのに、裁判官には逃げ口上に聞こえるんですね」

「最高裁決定では、強盗殺人の事実は、被告人二人の犯行であることが関係証拠により十分に証明されている、とした原判決の認定判断は正当なものとして是認できる、有罪認定に供された被告人の自白の収集過程にも、違法のかどはない、原判断は正当なものとして首肯できるというんですね。自白の任意性を認める理由として、四つの点をあげています。第一に、取調官が強制、誘導、誤導、偽計、長時間の取り調べを行ったことはないと否定している。第二に、逮捕の後、比較的早い時期に自白している。第三に、勾留質問のときにも、裁判官に自白している。そして、第四は、自白の録音テープの内容は、自ら体験しない事実ならば、とうてい引き続いて整然と供述しえないことを具体的に、首尾一貫して供述している、というんです」

「犯人を逃すまいとする必罰主義が、裁判官をむりな認定に追いこむのでしょうね。その点、有元検事を思い出すのですが、彼は、事件の初めに証拠をスクリーニングして、否認調書まで書いてやった点、偉いと思いますよ。本来、検察とは、捜査については警察と協力して、足りない点を補い、行き過ぎを是正するのが職務なんでしょう。公訴維持に不足している点を補正して、捜査に行き過ぎがあれば是正する。有元検事は桜井、杉山両君の訴えに耳を傾け、アリバイのチェックも行い、捜査の行き過ぎを正して否認調書を作ってやった。やっていないのに、やったなどと認めては駄目だと叱ってもいるでしょう。自白はあっても、それは強要の産物にすぎない。任意性に欠けるから、証拠として使うことは許されない。他に被疑者と犯行を結ぶ補強証拠もなく、これでは二人が犯人だという証拠は何もない。起訴など、とんでもないと思ったのでしょうね。こういう良心的な検察官は珍しい。これに対し、吉田検事はまったく反対の行動をとっています。捜査の行き過ぎを是正するどころか、桜井、杉山の二人を土浦拘置支所から土浦と取手の警察署に逆送して、警察の捜査の上塗りをしている。この逆送はもちろん脱法だし、二人にもう一度自白させて、起訴を強行するのが目的だったことは明らかです。こういうのを『人質司法』というんでしょうか」

「それでも、裁判所は、捜査が違法だったとは認めない。警察官と検察官は同じ穴のムジナだし、検察官と裁判官は同じカマの飯を食った仲間同士。地裁の判決を高裁は支持、それをまた最高裁がかばって、いわば『カバイアイ判決』ですよ」

「もう一つ、笑い話じゃない笑い話ですが、水戸地裁の出張尋問を東京地裁でやったんですね。そのとき、昼休みに裁判官がトイレからもどって、くすくす笑っている。どうしたのかと聞くと、『便所へ行ったら、刑事裁判はバカでもできると落書きがあったんだよ。俺もバカかね』というわけです。恐らく、そこで裁判を受けた市民の余憤の落書きで、糞をするところで、憤をもらした」

「そいつは、おもしろい」

「起訴状の公訴事実をコピーして、鋏で切って、判決書の中にはりつける。そして、法律に事実を適用していくようなやり方は、確かにバカでもできますね。訴訟記録を読んでいて、いったい裁判官の意見はどこに書いてあるのかな、と首をひねることがしばしばありますよ」

「これは、あなたの持論でしょうけれど、高い壇の上から被告人を見下ろして、被告人の苦痛を自分の痛みとして胸に受けとめることのできない人では、ほんとうの裁判はできない。被告人の心の痛みを自らの痛みとして受けとめる心を持って事実の認定ができるのは職業裁判官ではなく、民衆、つまり陪審でしょうね」

3

「この事件の証拠というのは、結局」話題を変えて小高さんに尋ねた、「証拠能力のない嘘の自白と、怪しげな渡部証言だけということになりますね」

「そうですよ。だけど、判決（原二審）は、帰途に見かけた人影に関する供述部分ははっきりせず、全面的に採用するわけにはいかないが、往き道に被害者の家の前で見かけた二名が桜井、杉山の被告人両名であるとの供述は十分信用できる、と奇妙な判断をしています。帰りの証言が信用できないというからには、少なくとも、証人は偽証しているのではないか、あるいは、はっきりした記憶がないのに、あるかのように断定的に証言しているのではないか、といった全体について何か疑問をもちそうなものです。往きの部分にかぎって十分信用できる、というのは理屈に合わないじゃないですか」

「にもかかわらず、最高裁決定はそのような証言であっても信用できるとして、自白を除いても、独立して桜井、杉山両名の罪責を認定できるほどの高い証明力を持つ情況証拠だ、とかなり強気ですね。もともと、顔の記憶による目撃証言というのは、暗示にかかりやすい弱点があって、ほとんどの場合、単なる捜査の手がかりに過ぎないと考えるべきだ、とアメリカの学者、マーシャル・ハウツが指摘しています。きわめて信用度の低い証拠で、司法の過誤の原因となる潜在的危険があるというのです。ハウツが著した『証拠と証明』という小冊子を以前、北海道大学の渡部保夫教授（元裁判官）から送っていただいたのですが、渡部先生が興味深い注釈を加えています」
「ほう、どんな?」
「わが国では『被疑者が逮捕されると、新聞、テレビはいっせいにこれを真犯人と決めつけて、大々的に報道する。これは証人の情緒を攪乱し、神経を過敏にさせ、不安定な心理状態においてしまう。被害者その他の参考人に、顔写真を示して容疑者を割り出す捜査方法においても、写真の示し方、取り揃えの方法いかんによって種々の暗示を与えてしまうことがある。多くの証人にとって、警察当局は権威的存在であり、警察の行動に信頼を寄せている。従って、警察官の些細な言動も証人に暗示を与える。わが国では、警察は証人に対し被疑者を単独で面接させ、この場合、逮捕の事実じたいが有力な暗示となる』というのです。証人が被害者である場合にはとくにそうでしょうが、一般の人にも一日も早く犯人を見つけ出し、処罰を求める願望や期待はかなり強い。憎悪、期待、願望が自己暗示の大きな原因となる例は、この布川事件にかぎらず、他にも無数にあります」(小著『目撃証人』文藝春秋、『島田事件』潮出版社)
「当時の新聞はみな、顔写真入りで桜井、杉山の二人が玉村象天殺害の容疑で逮捕されたと報道しています。新聞が容疑者を犯人と決めつけて報道すれば、一般の人はたいていその通り信じてしまいます。渡部証人が新聞を読んで、桜井、杉山の二人が犯人だと思いこんでしまったとしても、無理からぬところでしょう。彼自身も、新聞の顔写真を見て、桜井と思い出したと供述しています。同じ検察官調書で、犯人が自白しているなら、他に証拠があまりなくても大丈夫だが、否認されると、それでは逃れてしまう、と言っているのも、取り調べでうけた暗示と誘導の影響を浮き彫りにしているように思います。第一回公判で、桜井も杉山も犯行を否認したため、逃がしてはならないと思ったというのも、自己暗示の影響が読みとれますね。事件のあった夜、桜井の顔を見ながら、一月半あまり経ってから、新聞で報道されるまで判らなかったというのでは信用性を疑われると検察官は考えたのか、見たときすぐ誰だと判らなかったかと尋問して、渡部証人はたやすく迎合しているでしょう」

「その一点だけでも、裁判官は疑問を差し挟むのが当然ですね」

「布川の町には、いろいろな噂話が飛びかっただろうし、無意識のうちに暗示を与えられてしまったとも考えられます。渡部教授が指摘するように、新聞、テレビの一方的な報道が証人の情緒を撹乱して神経を過敏にさせ、不安定な心理状態に追い込んだに違いないことは、その神がかり的な証言から推測できます。最初のうちこそ、どこの誰とも分からなかったものの、いろいろな暗示を受けて、自己暗示も加わって、この二人が犯人だという思いが次第に強く脳裏に焼きついていったのではないでしょうか」

小高さんの言葉に、ふと徳満寺の絵馬を思い出した。誤判を生むのは、この証人に代表される人々の意識にも原因があるとつくづく感じたからである。

我々の住む社会に犯罪が起きれば、犯人を早く検挙して罰してほしいと願うのは当然だとしても、検挙が遅れると、世間は警察はなにをしているかとプレッシャーをかける。新聞もいっしょになって警察を非難し、騒ぎたてる。ジレンマに陥って警察がむりな捜査に走るのは、そのようなときである。

だから、別件逮捕もやむを得ないと考える。そういった状況のなかで誰かが被疑者にされると、たちまち世間は真犯人扱いして、新聞は名前まで呼び捨てにして報道する。私たちは警察の捜査の行き過ぎを非難するけれど、警察は人権蹂躙の取り調べをしても、世間も裁判所も許してくれるから当たり前だと思っている。被疑者に黙秘する権利があるからといって、おいそれと引っこんでは世間が許してくれないと、検察官までが公言する。

そういう状況のなかで警察に目をつけられるのは、たいてい平素行いのよくないものが多い。渡部証人も認めているように、桜井、杉山の二人はまだ若く、罪にはしたくなかったけれど、相手は土地の不良だし、たちの悪いのは始末しておけという気持ちがある。連中だったら、やったかも知れない、いや、やっただろう、やったに違いない、と逃がしたくない思いが高じて、渡部教授のいわれる自己暗示にかかってしまったのだ。

渡部証言に、かつてこの地に盛んだった「間引き」の残滓《ざんし》を感じるのは、あまりに穿《うが》ち過ぎた考えであろうか。

4

平成四年、うだるような溽暑《じょくしょ》が去り、日比谷公園の木立にようやく秋めいた風が立ちはじめた九月九日、最高裁（第一小法廷）は桜井、杉山両人の再審請求事件について、東京高裁の即時抗告棄却の決定に対する特別抗告の申し立てを棄却した。

「各抗告の趣意は、違憲、判例違反をいう点を含め、実質は事実誤認、単なる法令違反の主張であって、適法な抗告理由に当たらない。所論引用の各証拠の新規性、または明白性を否定して本件各再審請求を棄却すべきものとした原決定の判断は、これを是認することができる」

として、大堀誠一裁判長以下橋本四郎平、味村治、三好達ら裁判官全員一致の決定によるものであった。

この再審請求を東京高裁で棄却した小野幹雄裁判長が最高裁入りをしたときから、弁護団や支援グループの人々は不安な思いを隠せなかったが、その危惧はとうとう現実のものとなった。無実の国民二人が、裁判の名において極刑に次ぐ無期懲役に処せられた不正義を、弁護団は詳細、かつ明白に示したのに、最高裁は請求人たちの必死の訴えに耳もかさず、実体判断に立ち入ることなく、門前払いを食わせたのである。

「こんな紙切れ一枚のために四年半もかかったのかと思うと、悔しくてならない。二五年の無実の叫びが、たった一七六文字で退けられようとは……」

獄中で棄却の通知をうけた桜井、杉山の二人はそう言って、声をのんだという。

「内容を説明するだけの内容もない不当な決定だ。弁護団の抗告にまったく答えていない。誤判を容認する身内のかばい合いだ」

と、小高弁護団長も怒りを露《あらわ》にした。

提出された新証拠の一つ、木村康千葉大教授の被害者の死後経過時間の鑑定によれば、「犯行は、二八日の深夜一二時以降、誤差を考慮しても、午後一〇時以降」である。

自白調書には、「午後九時頃の犯行で、午後一〇時ちょっと前、布佐駅発の電車で東京へ帰った」とあり、判決が「午後九時頃の犯行」と認定しているのは、自白に合わせたための誤りである。

また、再審請求審の途中で、裁判所が検察庁からとり寄せた捜査記録には、「事件当夜、被害者宅前にいた二人の男は長髪で、一人は入口の右側で被害者と話していた」

という小宮二郎の目撃証言がある。

しかし、当時の桜井、杉山の髪は短く、自白調書では、

「入口の左の戸を開けて家の中の被害者と話した」

ことになっている。

小宮少年が被害者宅を通り過ぎた時間についても、疑問がある。午後七時三、四〇分ころということになっているが、彼は午後七時前に家を出て、自転車で布佐に行き、伯母に頼まれた用事をすませてから帰りに伯母の家に寄り、被害者の家の横の県道を通っている。その通過時刻は家を出た時間によって多少ずれるが、再審になってから、捜査の初期の段階では、午後七時前とされていたことが判明している。

伯母の話では、小宮少年が何時ころ家に立ち寄ったのかと尋ねられ、

「午後七時少し前」

と答えたところ、警察官は、

「いや、もっと後だ。七時過ぎのはずだ」

と強引で、その後も何度か言い合いになり、最後にはとうとう根負けして、好きなようにしてくれと言ったところ、「小宮少年は、七時少し過ぎに私の家を出た」という調書の記載になり、署名捺印させられたという。

そうしないことには、午後七時五分布佐着の列車から降り、七時四〇分前後に現場へ着いたという桜井、杉山両人の自白と合わなくなるからであろう。

自白調書について疑問点をもう一つ挙げると、桜井の供述が最初は、

「被害者を絞殺した後部屋の中を物色中、杉山がやばいやばいというので、捕まっては大変と急いで逃げた」というのが、

「杉山が誰かやったようにしなくちゃなんねいというんで私も急に思いたって、うしろから誰か入ったようにするからといって……便所の窓の桟をこわしてここから飛びおりた」となり、「杉山が何とかしなくちゃなんねいというので、便所の方に行きかけたのを部屋に戻って、誰かやったように見せかけるつもりで、杉山と二人で四畳間と八畳間の境のガラス戸を外して、倒した。それから裏の方へ行き便所の窓の桟をこわして、ここから飛びおりて逃げた。その頃部屋の中でがちゃんと音がした」と変化していることである。

人を殺して金をとり、急いで逃げようとしているときに、わざわざガラス戸をはずして倒し、大きな音まで立てて、他人の犯行に偽装したというのもおかしな話である。人を殺せば動揺しているはずであり、少なくとも現場を一刻も早く逃げようとするのが通常の心理だと思われるのに、ガラス戸をはずしたりして時間を費やし、狭い便所の窓からわざわざ逃げたというにいたっては、不可解としか言い様がない。

一方、杉山は桜井の靴を便所の下までもって行ったことになっているが、現場は真っ暗で、物の見分けなどつかないことはすでに述べたが、窓らしいものの寸法がまるで計りでもしたかのように正確に記されている。取り調べにあたった警察官が自分の言いたいことを被疑者の口をかりて記したとしか思えない。

弁護団は、次のような声明を出した。

「請求人と犯行とを結びつける物証のまったくない本件にあっては、判断の最重要ポイントは、代用監獄における供述調書と公開の法廷における供述・証言とのいずれを信用するかにかかっている。自供調書や目撃証人調書自体の矛盾変転、これらと客観的事実との多くの矛盾に目をふさぎ、死後経過時間や目撃証人に関する新証拠の明白性を不当に軽視してなされた本決定は、自白偏重、捜査機関に対する盲目的信頼というわが国司法の積年の悪弊にどっぷり漬かった悪しき決定である。

何度有罪を受けようとも、無実の事案は無実である。当弁護団は何度でも再審を請求し、冤罪を雪《すす》ぐまで弁護を続けるものである」

阿部三郎日弁連会長も、談話を発表した。

「確定判決の証拠構造は、他の冤罪事件と共通した脆弱なもので、請求人と犯行を結びつける証拠は皆無であり、『犯行当日両名を布川近辺で見た』との曖昧な目撃証言の他は、矛盾・変転にみちた請求人らの『自白』があるのみである。

弁護人らは、被害者の死亡推定時刻が原審の認定時刻と異なり、自白の中の犯行時刻と矛盾すること、目撃証人が請求人らを見たとする日は犯行日と一致しないこと、自白には多くの矛盾・変転があること、この自白は請求人らが別件逮捕によって代用監獄に留置され、長時間・長期間の苛酷な取り調べにより、虚偽の自白を強制・誘導されたものであって、任意性も信用性もともにないものであることを明らかにして、再審請求をなし、それらの取り調べのための検証・証人調べ等と本件全体の解明のための公判未提出記録等を取り寄せ、開示を強く要請してきた。

しかしながら、再審請求第一審、二審ともこれらの要請に充分応えることなく、真実の究明に消極的態度に終始してきた。とりわけ再審請求第二審（東京高裁）は白鳥・財田川両事件の最高裁決定で確立した総合評価（新旧両証拠を総合的に評価して、疑わしきは被告人の利益に）による明白性判断の原則に違背し、事実上新証拠のみを切り離して明白性の判断をするという重大な誤りを犯したものであった。そして最高裁判所はなんら理由を示すことなく、このような原決定を追認しており、これは真実の究明、人権の救済、正義の実現という使命を放棄したものといわざるを得ない。

当連合会としては、今後桜井昌司、杉山卓男両名の無実が明らかにされ、現在の不当な拘禁が一刻も早く解消するよう支援を続けていく決意である」

阿部会長のこの発表より一月前、同じく再審請求を棄却された山本老事件（小著『法廷』文春文庫所収）の集いが広島弁護士会館で開かれた。そのときの庭山英雄教授（専修大）の総合評価についての話は分かりやすく、布川事件にもそのまま当てはまるので、要旨を記しておく。

――要するに、担当する裁判官が再審というものを理解していない。再審の議論の変化を十分に理解していないということだ。弁護団はもちろん丁寧に説得したのであろうが、残念ながら相手が理解するだけの耳を持たなかった。

昭和五〇年に白鳥決定というのが出た。続いて財田川決定も出された。そこで示された判断の第一は、再審請求の審理のときにも、疑わしいときは、請求人の利益にということが妥当するということである。それまでは、疑わしくはあっても、裁判所は請求人の有利に解釈してくれなかった。日本の国はたいへん国家権力の強いところで、刑罰権を行使する検察官と、中立公正をうたい文句にしている裁判所とがたいへん仲良く、裁判所は必ずしも中立公正な判断をしてくれない。もし、疑わしきは被告人の利益にという原則が守られておれば、前回の請求で再審開始は当然決定されているべきであった。

第二番目は、総合認定——つまり新しい証拠、古い証拠を全部混ぜて、認定を許すということについてだが、総合認定という形になると、通常の裁判とほとんど変わらない裁判官の判断の仕方になる。従って、もし現確定判決に疑いがあれば、開始決定は当然のことであり、この点から言っても、先の棄却決定は十分批判の余地がある。これまで学者間の研究が十分進まず、あまり明確になっていなかったが、最近急速に発展してきた理論に、明白性と新規性との関係がある。刑事訴訟法で再審請求を入れるためには、「無罪とすべき明らかな新たな証拠がなければならない」と条文に書いてある。それを新規性という新しい証拠があって、しかもそれが明白でなければならないという形で考えてきた。しかし、白鳥と財田川の両決定の理論をよく分析してみて、次のように理解されるべきだと私どもの考えが変わった。どう変わったかというと、総合認定だから、新旧取り混ぜて現確定判決が正しいかどうか調べる。従って、新規性のある証拠はもちろん必要だが、それを最初に判断する必要はないという点だ。新しい証拠があるか否かということは、総合認定をして合理的な疑いがあると判断され、いよいよ最後に裁判官が判決を書くときに、新規性のある証拠としてこのようなものがある、例えば「何川博士の鑑定」とか、そういうのを挙げればいいわけだ。

ところが、先の棄却決定を読んでみると、そのような理論構成にはなっていない。法医鑑定が出された。新規性ある証拠である。それについて、明白性があるか否か調べた。一生懸命調べたけれど、明白性は認められなかった。このようになっていて、私たちは、これを個別評価説といって、旧法時代の刑事訴訟法における再審の理論につながる考え方というふうに理解している。

現に、検察官あがりの理論家とか、そういう人たちが強くこれを主張している。そのような考え方をとる限りは、再審の道はやがて逆戻りするだろうと考えている。

繰り返すが、大切なのは総合認定である。新旧証拠を全部混ぜて検討し、そして現判決が誤りか否かを検討すればいい。山本老が、警察の厳しい拷問にあって自白した。その自白に任意性があるか否かについても、何も新しい証拠がなければ判断できないわけではない。新旧両証拠――積極・消極の全証拠――から、確定判決を厳しく判断し直す。そして、もしそこに合理的な疑いが生ずれば、再審開始決定がなされるべきなのだ。

私の見るところでは、現確定判決の証拠構造というのは、虚偽の自白と、それを支えた香川鑑定というたいへん偏った鑑定から成り立っているわけで、大体、誤判というのは、すべてそういう構造になっている。偽りの自白と、それを支えるまやかしの鑑定という構成だ。

再審理論は、財田川決定を機会に躍進した。その考え方は、確定判決を優越させる考え方ではない。再審というのは、無実の人を救済するための手続きである。当然のことながら、総合認定になる。ということは、通常の刑事裁判の判断構造と同じということだ。確かに、理論的な制約はある。条文上の制約もある。再審請求の審理構造は職権主義だと言って裁判官の意のままになると解釈する裁判官が多いが、それは誤りだ。白鳥、財田川決定から生まれる再審請求審理の構造というのは、当事者が関係する構造である。弁護人が決定的に関与できる。参考までに検察官は発言できる。それだけだ。そのようにして確定判決に合理的な疑いがあれば、再審開始決定は出されていい。そして、それは総合認定だから、第一次請求審のときのように旧理論にもとづいて判断を下すべきではない。

　第二次再審請求の成否は、証拠よりもむしろ、裁判官の姿勢にあるのである。

5

　世の中でもっとも恐ろしいことは、大病にとりつかれることと、裁判に巻きこまれることだという。癌で一人息子を失った悲しみを知るだけに、病の恐ろしさは人一倍身に沁《し》みて知っている。本人はもとより、家族のものがうける苦しみは、それこそ筆舌に尽くしがたい。

　冤罪の恐ろしさもまた、大病のそれと変わらない。命を奪われるかも知れないし、命を奪われずとも、文字どおり死の苦しみをうけることになる。本人だけでなく、肉親や周囲のものまでがみな同じ悲苦にさいなまれる点も、病と同じだ。

　なぜ、世の中にはこのように恐ろしいことが起きるのであろうか。

　病は別として、裁判の方は、悪いことさえしなければ、巻きこまれることはないだろうと普通には考える。善良な市民にとって、そのような心配は杞憂にしか思えない。

　ところが、自分はいっさい悪事は働かないと断言できても、裁判に関わりあうことはいっさいないとは断言できない。権力の側にある一部の人たちを除いて、一般市民はみなその潜在的危険にさらされている。いつ身におぼえのない嫌疑をかけられて、逮捕されるかも知れない危険が、目に見えないところにあるのである。

そして、ひとたび嫌疑をかけられて逮捕されると、代用監獄にぶちこまれて自白を強要される。拷問をうけなくても執拗なあの手この手の追及を逃れるには、相手の意にそうより仕方なくなる。真実は真実でなくなり、そこでは嘘が真実になる。そして、いったん自白すれば、その自白にもとづいて有罪方向の証拠が集められ、すべて法廷へ証拠として提出される。そうなってしまっては、すでに時遅い。

いわば検察に対するチェック機能なのだが、被告人たちは一様に裁判官に真実を述べれば、真実がわかってもらえるだろうと必死に思っているのだが、無罪になる確率は、〇・一パーセントとほぼ絶望に近い状態である。戦前の旧刑訴法の下でさえ、無罪率は三パーセントか四パーセントであったというから、この有罪率の高さは異常としか言いようがない。

その異常に高い有罪率の陰に、無実の罪に泣く無辜《むこ》がどれほどいるか、思うだけでも恐ろしいことである。免田、財田川、松山、島田などの大事件を挙げるまでもなく、遠藤事件や下田缶ビール事件のように、世間にあまり知られていない冤罪事件は無数といってよいだろう。

では、なぜ、そのように誤判が多いのか。それは、驚くほど単純なワン・パターンをたどり、捜査と裁判のあり方に病巣のあることが歴然としている。

前に述べたように、捜査には任意捜査と強制捜査の二つがあり、強制力を用いるか用いないかの違いで、もちろん、任意捜査が原則である。

あまりよい例ではないが、任意捜査は、五億円献金事件の金丸信に対する捜査のように、物的証拠も秘書やその他の関係人から任意の提出を求めるだけで、身柄を拘束しない緩やかな方法である。

取り調べのため、何度呼び出しをかけても相手はいっこうに応じる気配を見せず、野党は「特別扱い」

と憤激したが、出頭するかしないかは、この場合本人の自由なのである。

しかし、捜査はその目的上、強制力を使う必要のある場合が少なくないから、強制捜査に踏み切ったときは、人の身体を拘束して取り調べ、物的証拠も強制的に捜索、押収することができる。

ただし、強制捜査は、被疑者や関係者たちに影響するところが大きいので、その濫用を避けるため、裁判官のチェックが必要とされている。市民の身体・自由を拘束するのだから、真にその必要ある例外的場合にだけ許されて、しかも、「この法律に特別の定めのある場合」に限って行われるべきものなのだ。

つまり、逮捕には、捜査機関の請求にもとづいて裁判官が発する逮捕状がなければならず、その発付には、

「罪を犯したと疑うに足りる相当な嫌疑」

「逃亡の恐れ、ないしは罪証湮滅の恐れ」


といった逮捕の理由と必要性との両要件を満たさなければならない。必要性が明らかでなければ、令状請求は棄却される。

ところが、建前はこのように立派ではあるが、実際の捜査にあっては、捜査の原則と例外が逆になっている場合が多く、重大事件ともなれば、逮捕など必要としない軽い別件を利用した脱法的強制捜査が行われるのが当然のようになっている。

別件逮捕は、身柄をとる口実にすぎず、口実はいくらでも見つけられる。布川事件の場合もそうであったし、免田、財田川、松山、島田とみな軒並に同じパターンだ。バーのつけを無銭飲食にひっかけられて逮捕された人もいる。証拠があって人を逮捕するのではなく、本件について証拠がないから、本件の

証拠を得るために別件を利用するのだ。

そして、ひとたび逮捕されれば、起訴まで国選弁護人はつけてもらえず（平成一八年、重大事件について付されることになった）、私費で弁護士を雇っても、なかなか会わせてもらえない。接見交通権の制限があって面会が許されず、あるいは制限される。被疑者を孤立無援にしておいて、絶望状態に落とし入れ、自白させることに狙いがあるからだ。弁護人に会わせることは、自白をとるのに邪魔だという考えが戦前から続いている。

逮捕、勾留中の被疑者は、取り調べを受忍する義務があるとされる。身におぼえのない嫌疑を否認しても、取調室で長時間にわたって自白を強要される。弁護士に相談する権利も無視され、しだいに疲労困憊して相手の言うなりになってしまう。

このような取り調べが現在も許されているというのは、憲法違反の疑い濃厚だが、裁判所はそ知らぬ顔である。

逮捕から数日の間は、捜査官にとっては自白を取るか取れないか、しのぎを削る重要な期間で、その間、被疑者の人権は危殆《きたい》に瀕する。弁護人は嘘の自白をさせまいとして接見を求めるのであり、布川事件の例でもわかるように、この期間こそは、被疑者の命運を左右する運命の瀬戸際といってよい。

弁護人がつかなくても、やってもいない者が死刑になるかも知れない犯行をやったと認めるはずはないと考える人がいたら、それは甘すぎるといえるだろう。

さるヴェテラン刑事は言う。

「人間はな、そんなに強いもんではないよ。細かな所はどうでもいい、キメ手などは出さんでもいい、ただ殺しを自供させてくれ、と被疑者をあてがわれれば、三人でも四人でも同じように自白させてみせるよ」

こういう地獄の一丁目では、いくら憲法に保障されていても、黙秘権など絵に描いた餅でしかない。こうした違法な手続きによって得られた自白は、任意性に疑いあるものとして、証拠能力が否定されるのが当然で、憲法三八条〔自己に不利益な供述、自白の証拠能力〕には、次のように規定されている。

① 何人も、自己に不利益な供述を強要されない。

② 強制、拷問若しくは脅迫による自白又は不当に長く抑留若しくは拘禁された後の自白は、これを証拠とすることができない。

③ 何人も、自己に不利益な唯一の証拠が本人の自白である場合には、有罪とされ、又は刑罰を科せられない。

刑事訴訟法三一九条一項には憲法三八条②を拡げて、

「任意にされたものでない疑のある自白は、これを証拠とすることができない」（傍点筆者）

とあり、刑訴法は明らかに裁判官にそのように要求している。不任意の自白だけでなく、不法な過程でとられた疑いのある自白も排除されるべきなのだ。

だが、多くの裁判官は、その理念を理解しないか、あるいは任意性という証拠能力の要件を無視して、当然のように自白調書を証拠として採用するのが現状である。

捜査依存の体質がそこにある。

布川事件では、自白の任意性を積極的に認める理由の一つに、「逮捕の後、比較的早い時期に自白している事実」を挙げるが、刑事裁判官三〇年の経験を持つ下村幸雄弁護士は、「逮捕後わずか二、三日以内に、連日連夜の長時間の取り調べによる自白の強要によって、警察で虚偽の自白がなされることはまれではない」

と指摘する。

そして、主な冤罪事件のうち、自白のある一五事件一八被告人について、田中輝和教授による逮捕から自白までの期間の調査結果を記している。

それによれば、もっとも多いのは、

逮捕後二日目で、五件五人（八海事件、梅田事件など）。

次が逮捕後三日目で、四件四人（米谷事件、免田事件、島田事件など）。

この二つで九件九人となり、調査した事件の半数を超える。

田中教授は、逮捕後三日目に自白がなされた米谷事件、五日目に自白がなされた松山事件、この二つの事件の自白原因などの共通性を調べて、

「わが国において、長時間の取り調べにより、短期間に、虚偽の自白がなされる危険性がある」

という問題を提起、次のように報告している。

両事件の取り調べに、「現代の拷問」の機能を果たさせた取り調べ状況として、

第一に、当初強く否認した被告人を長時間、深夜にまでわたって取り調べ、かつ、それを繰り返した

こと。

第二に、代用監獄に収容されていたこと。それによってはじめて捜査官は、朝から深夜に及ぶ長時間の取り調べが可能となった。両氏が夜も安眠できない状態になったことも、代用監獄収容と無関係ではないであろう。

第三に、自白前に弁護人が選任されていなかったこと。

以上の三点をあげ、
さらに、取り調べ方法の共通性として、
(1) 嘘や不確かなことを確かなようにいって自白を迫る。
(2) 嘘を告げ、家族と切り離す。
(3) 長時間の取り調べ、深夜にわたる取り調べ。
などの三点があるとする。

そして、このような取り調べが被疑者の心身に及ぼした影響の共通性として、
(1) 安眠できない。
(2) 異常な心理状態。
具体的には、
「自分で自分のいっていることがわからなくなってきた」（米谷氏）
「次の日もまた取り調べられるのかと思うと、頭が変になっていくよう」（松山事件、斎藤氏）
「こんなことを毎日やられたのでは、頭が狂ってしまうんじゃないか」（斎藤氏）

(3)　これ以上苦しまないために虚偽の自白をし、裁判で本当のことを言おうと考える。

以上の三点をあげている。

身体を拘束され、自由を奪われて、拷問あるいは心理的強制をうけ、「袋小路から抜け出すため」捜査官の言いなりに述べ、作文された調書に、どうして任意性などが認められるだろうか。

証拠として採用してならないものを採用し、真偽の判断は専門家に任せておけといった裁判官の過剰な自信が、事実の認定を誤らせ、冤罪を生むのである。

東京大学で刑訴法を講じていたサザン・メソジスト大学のローク・リード教授が、帰国を前に語った。

「日本では、犯罪解決のもっとも有力な手段は被疑者から自白を獲得することだと考えられている。それ以外の捜査方法は、自白を補強する手段にすぎないと見なされ、日本の刑事司法では、自白はもっとも重要な証拠方法とされている。警察は被疑者を取り調べ、自白を得るため過度に多くの時間と、方法について大幅な自由裁量を与えられている。検察官もまた自白獲得のために多くの時間を与えられ、そのようにして得られた自白を使用することによって、有利な結果を得られるようになっている。そして、裁判官は、警察官や検察官が自白を獲得することを制約したり、公判でのその利用を制限することに非常に消極的だ。あなたがたのシステムの問題は、正にシステマティックな問題だ」

そして、そのシステムの頂点に、不正義を見て見ぬふりをしているとしか考えようのない最高裁の多数意見が控えているのである。

6

よき政治の理念とは、何か。

国家の存在理由とは、何か。

あるべき政治とは、いかなるものか。

以前、後藤昌次郎弁護士から問いかけられて、返事ができなかったことがある。

「それは、単純なことです」彼は言う。

「要するに、国民の基本的人権を守る、国民の生命、自由、財産、幸福を追求する権利、これを守るのが政治であり、これを遂行してこそ国家というものの意味があるのであって、それを守ることをしないならば、国家は有害無益な存在でしかない。国家に存在理由があるとするならば、まさに国民の人権を守るということでなくてはならない」

後藤さんは、松川事件をはじめ多くの冤罪事件の弁護に献身したことで有名だが、その彼がふたたび問いかける。

では、冤罪とは何を意味するか。

人間の生命、自由、財産を守らなければならない国家が、本来の任務をみずから踏みにじって、国民の生命を奪う、これが死刑だ。

国民の自由を奪う、これが懲役刑であり、禁錮刑だ。

国民の財産を奪う、これが罰金刑だ。

真実に反し、まったく正当な理由がないのに、国民の基本的人権を奪う、これが冤罪だと定義する。そして、

「国家による権力犯罪、戦争とともに、国家しかできない権力犯罪、国家権力がいわれもなく民衆の人権を奪う、これが戦争と冤罪だ。だからこそ、私たちは、国家権力の中枢をなしている警察・検察、そして裁判所、それから軍隊そのものである自衛隊の反動的な動きに対して、国民として、人権を守るという一点で闘わなくてはならない。冤罪を出さないための闘いは、そこに本当の意味がある」と説く。

では、いかにして人権を守り、冤罪を出さないための闘いを展開したらよいか。

数年前、島田事件の再審無罪の判決が静岡地裁であった後、弁護団は代用監獄の廃止をはじめとして、刑事手続きが速やかに改められ、真に国民の司法となるよう、今後も努力を尽くすむねの声明を発表した。

三五年もかかった貴重な勝訴ではあったが、その記者会見の席で、弁護団に質問したことがある。

「現在の刑事裁判のあり方は、国民不在、職業裁判官だけに有罪・無罪の決定を委ねている独断主義の法制であるわけですが、これを変える必要性をみなさんは感じてはいらっしゃいませんか？」

大塚一男弁護士の答えが印象に残っている。

「判決で、自白が信用できないと裁判長が読みあげたようなことは、最初から一審の弁論の中で言っていることなんです。それにもかかわらず、それが高裁、最高裁と行って死刑が確定してしまいました。これは、やはり、裁判官制度の問題として考えるということも、一つの行き方だと思います。それで、

その前に現在の制度の中で、こういう轍《わだち》を踏まないために、どうしたらいいのか。さっき、連合会長の談話では、裁判制度に誤判の原因があると同時に、検察・裁判の運用に誤判の原因があるということを言っているのです。この点にご留意いただき、制度の罪に一元的に帰してしまうと、誤判の名を連ねた連中を免罪にしてしまう。やはり、こういう制度でも、誤判を防ぐ検察官・裁判官の行動は期待できるし、義務づけられているし、正しい裁きができるのだと言いたいのです。ただし、民主的な司法という行き方からすれば、私などは、やはり民衆が直接裁判の中核の判断に参加していくという方向が考えられなければならないと思っています」

確かに、有元検事のような立派な人もいるし、公正な裁判官もいるにはちがいない。しかし、全体として見た場合、処罰欲の異常に強い検事や、秩序維持を志向するあまり、被告人に不利な判断をしがちな「有罪判事」が多いのも事実である。

検察・裁判の運用の非を改めさせるために、法廷闘争や弁護活動も大切ではあるが、「最近まで裁判所の内部に身をおいた人間として」下村さんの意見は悲観的だ。

「裁判所の民主化、裁判官の市民化、自由化ということは、『幻想』としか思えないのである。裁判所にその意味の自浄能力のないことは、すでに十分証明されている。事態は悪くなる一方である。まさに百年河清を俟《ま》つにひとしい」

免田事件のときも、島田事件のときも、冤罪の度ごとに、検察・裁判運用の非は指摘され、反省が求められた。しかし、これらの事件から教訓を得て、二度とその轍を踏むまいとする反省の色は少しも見えず、それは裁判所がすでに自浄能力を失った証左といわれても仕方なかろう。

最後に、英米においてはなぜ、とくに重大な否認事件については陪審による裁判が不可欠とされているか、なぜ訴追者と被告人との間に市民の代表である陪審を介在させるのか、その理由を考えてみよう。それは、職業裁判官だけによる裁判では危険に過ぎ、その判断過程に市民の常識が絶対に必要であるからだ。

「陪審制度のない国では、とくに死刑事件のような大事件だと、社会的な圧力、凶悪犯人を死刑にしなければという社会の要求が、圧倒的な強さで裁判官を、その良心を押しつぶすということが考えられる」

と、下村さんは述べ、アメリカの学者に陪審の存在理由を尋ねたときの返事を記している。

「裁判官はそういう社会的圧力にさらされると、ギリギリ迷った場合に有罪の方へ行ってしまう。陪審は一回かぎりの判断で散って行く人たちだから、そんな社会的圧力には負けないで、証拠にもとづいた判断をきちんとすることができる」

リードさんも、同じことを言っていた。

裁判官がなぜ、素人すら首を傾げるような無理な事実の認定をするのか。

それは市民の参加なき裁判が、事実認定の手続きに大きな圧力をかけている結果だという。

「司法制度の内側にいる人々は、すべてプロの職業人であり、制度自体に対して責任を負っている。公衆というものはいつの時代も、自分たちは他の誰よりも犯罪の危険にさらされていると信じている。公衆は、この犯罪問題の解決を公務員に果たさせようとして、彼らにプレッシャーをかける。その重圧にはかなり破壊力があり、裁判官に明確、かつ完全な事実認定を求めていることが、システムを通じて検察官や警察官に自白を獲得させようとする圧力を及ぼしている。そして、そのプレッシャーはめぐりめぐって、最も弱い点、つまり被告人に振り向けられる。

もし、陪審制があれば、この回路の中に一般民衆を介在させることができ、陪審員がプレッシャーの一部を分担することになる。そしてまた、制度の内側にいるプロの職業人たちは、システムが被告人を有罪としなかった責任を陪審に転嫁できる。

しかし、陪審は、匿名のふつうの市民にすぎないから、プレッシャーは結局拡散して、プロの職業人にかかるプレッシャーの程度を耐えうる程度のものに軽減する」

おもしろい観点である。

日本でも裁判官を事実認定の仕事から解放し、陪審にその役割を果たさせれば、裁判官・検察官・警察官の三者は犯人必罰のプレッシャーを軽減され、「疑わしきは罰せず」という刑事裁判の大原則に立つことができるから、それぞれ無理な仕事をしなくなり、裁判官と陪審員はともに裁判という国家の重要な機能を、責任をもって果たすようになるだろう。

その意味では、布川事件は、陪審のいない職業裁判官だけに有罪・無罪の決定を委ねている独断主義の法制が犯した「司法の犯罪」ともいえるのである。

ショーン・エンライトとジェームス・モートン両弁護士は、その著書『陪審裁判の将来――９０年代のイギリスの刑事陪審』（庭山英雄・豊川正明訳、成文堂）の末尾に述べている。

「陪審裁判をうける権利が失われれば、われわれ一般国民は自分たちの事件が、長い間警察裁判所と呼ばれるところでしか審理されないことになり、このような制度に信頼を託することを止めるであろう。その種の裁判所では、たとえそれが法律上誤っているとしても、実務上間違いなく挙証責任は国よりも被告人にあると信じられるようになる。陪審裁判をうける権利がなくなれば、法律制度に対する国民の信頼を維持していくのは難しい」

警察裁判所とは、どのようなところであろうか。

それは、人権を無視した被疑者の取り調べを警察に許し、「人質司法」でむりやりに取った自白調書を、被告人側で不任意性を証明しないかぎり証拠採用し、立証責任を被告人に転換、警察・検察・裁判所三者の流れ作業で人を処罰、陪審裁判をうける権利を国民から奪っている、日本の裁判所のようなところではなかろうか。

「物証のない事件は、底荷と舵のない船のようなものだ」

とは、マーシャル・ハウツの比喩である。

「不正確な目撃証言のなすがままに、縦横に揺れ動くだけであり、事実の判断者は推測と憶測だけを頼りにするようになってしまう」からだ。

まさに、布川事件は「舵のない船」で、不正確な目撃証言のなすがまま、地裁から最高裁の間を上下左右に揺れ動き、推測と憶測だけを頼りにして事実を判断した船長は、船を暗礁に乗り上げて、その残骸を満天下にさらしている。

布川事件のこの許しがたい不正義の責任が警察・検察・裁判所の三者にあることは、疑いのない事実である。にもかかわらず、裁判所は請求人・弁護団の「訴え」に答えず、その責任の所在を明らかにしていない。

一九世紀のイギリス自由主義を代表し、四度宰相の座にあったウィリアム・グラッドストーンが怒りをぶちまけたように、

「正義を遅らせることは、正義を認めないということだ」

これ以上、正義を遅延させることは、許されない。再審を一日も早く開始することによって、正義を回復しなければ、裁判所も国家も、その存在意義はない。

参考文献

布川事件資料集（布川事件守る会）
『法学辞典』末川博編（日本評論社）
『刑事司法を考える』下村幸雄（勁草書房）
「長時間の取調により、虚偽の自白がなされる危険性」田中輝和（判例時報、上下、一二九五、一二九八号）
基本法コンメンタール、新版『刑事訴訟法』高田卓爾編（日本評論社）
「誤判原因をめぐって」佐伯千仭（誤判を語る、第五集、日弁連人権擁護委員会）法学セミナー、二五九号

・本書は『潮』掲載分（一九八九年九月号〜一九九〇年三月号、五月号、七月号）を大幅に改稿し、単行本として文藝春秋から出版（一九九三年）したものです。

新装版あとがき

ちょうど一年前、足利事件の再審公判が開始され、一方的な捜査・公判のあり方が罪なき市民を有罪にする冤罪の恐ろしさを新聞・テレビが報じていた頃、突然電話が鳴った。

「最高裁で検察側の抗告が棄却され、再審開始が確定されました」

まっさきに知らせてくれたのは、布川事件の再審請求人・桜井昌司君。

この事件を雑誌に連載したのは三十余年も昔のことになる。その後単行本『舵のない船』（文藝春秋）になり、「正義の遅延は正義の否定」と裁判所に強く抗議したのだが、「開かずの門」と言われた再審開始決定がようやく確定し、再審無罪の曙光が見えてきた。

逮捕から実に四四年、この間、桜井・杉山両氏が受けた苦しみは想像もつかず、警察・検察・裁判所はどのようにして責任をとり、二人の何十年の人生を償うのだろうか。

これは桜井・杉山両氏だけの問題ではない。警察・検察・裁判所が法に基づいた公正な取り調べとあるべき審理を行っていれば、この不幸な事件は防止できたはずである。

それができなかったということは、過去・現在にわたる無数の冤罪事件への反省が無にひとしく、旧態依然とした茶番劇とも言える裁判を繰り返しているからだ。

捜査と公判を抜本的に改正しないかぎり、誤判は絶えず、一般市民がさらされている潜在的危険を解消することはできない。

冤罪の病巣が「人質捜査」と「調書裁判」にあることは言うまでもない。被疑者は代用監獄に勾留され、弁護人と相談する機会もほとんど与えられず、連日長時間、捜査官の見込みに沿った一方的な取り調べにさらされる。そうしてむりやりに取られた調書に署名させられてしまう。

「不当に長く抑留又は拘禁された後の自白その他任意にされたものでない疑いのある自白は、これを証拠とすることができない」という刑事訴訟法の規定（三一九条）があるにも拘わらず、裁判官はこれを証拠とし、さらには有罪認定の基とする。

取り調べの可視化はもちろんのこと、弁護人の接見交通権が妨害されたり、長時間の取り調べの結果得られた自白などは、それだけで排除される必要がある。弁護人の立ち会い権や保釈制度など、問題は山のようにある。

弁護人の助けを受ける権利とは、公判に同席してもらうだけではなく、被疑者となったその瞬間から強大な捜査権力に対し一人で立ち向かう必要はなく、プロの助けを受ける権利のことだ。

米国連邦最高裁は「密室における取り調べは本質的に高圧的になり、被疑者の憲法第五修正の権利を危険にさらす」と決定し、「検察官は被疑者の拘留中、あるいはいかなる形であれ自由を奪われた尋問の結果、得られた自白を用いてはならない」、また「何人も刑事事件において自己に不利益な証人となることを強要されない」（自己負罪拒否特権）と判決している。

布川事件に代表される無数の冤罪事件の全責任は裁判所にある。人質捜査を抜本的に改めるのと同時に、同僚機関の作った調書に依存する調書裁判を止め、法廷における生の証言と物証のみに基づいて裁判する直接主義・調書排除の原則を徹底すべきだ。

裁判事務を二分して、法律問題は裁判官が、事実問題は市民代表が決める制度でなければ、無実の被告人を国民自らの手で救うことはできない。証拠の法的価値（証拠能力）判断は裁判官が決め、事実的価値（証明力）判断は、市民自らが外的影響を排し独自の立場で自律的に行う。

市民が評議する席に裁判官を加える裁判員制度では、市民参加の意義の大半はそれだけで失われ、評決規定にも大問題がある。冤罪を防止するどころか、裁判官に引きずられて無辜《むこ》有罪誤判の片棒を担がされてしまう。

我々はこれまで、冤罪事件の第一の責任は警察・検察にあり、第二の責任が裁判所にあるとしてきた。しかし、最終的・全面的判断者である裁判所の責任が第一と考える必要がある。警察・検察の違法、不当な捜査を含めて、全責任は裁判所にあるとする考え方に変更しなければならない。

冤罪を未然に防ぐには、陪審裁判の復活しか打開の道はなく、「陪審裁判を受ける権利の撤廃は独裁的な政治へ移行する兆候」と警戒したヨーロッパの教訓を想起したい。

「陪審裁判を受ける権利が失われれば、我々一般国民は自分たちの事件が長い間警察裁判所と呼ばれてきたところでしか審理されないことになり、このような制度に信頼を託することはできない。」

（"Taking Liberties" by Seán Enright and James Morton)

二〇一〇年一〇月

伊佐千尋

解説

えん罪布川事件を作った責任は、どこにあるのか

柴田五郎　布川事件弁護団長

1　『舵のない船　布川事件の不正義』をどう読むか

布川再審事件が、年内にも結審し、来春には判決かということこの時期に、現代人文社から本書が新装版で刊行されることは誠に意義深いことである。

さて本書の第一章は「絵馬」と題されている。事件現場である利根町布川の徳満寺、その側の地蔵堂にある「絵馬」のことで、その図柄は「産褥の女が鉢巻きを締めて生まれたばかりの嬰児を押さえつけている悲惨な物」であるという。何か親子間で殺したの殺されたのという、昨今の血も凍るような世相を暗示しているようである。

私は、布川事件の現地調査に何十回も利根町に行っているが、実はこの「絵馬」にまだお目に掛かっていない。今度は、是非この恐い「絵馬」にお目に掛かるつもりである。

本題に入ろう。第二章「公判」で、著者は①物証がない②目撃証言があやふやだ③「自白」の任意性・

信用性が怪しいと、本件の特徴（それはすべてのえん罪が持つ特徴であるが）を、ずばり指摘する。そして桜井昌司君・杉山卓男君の「自白調書」のいくつかを、引用する（これは、警察官や検察官が作文し、被疑者に署名・指印をさせるものであるが、作文者の頭の程度を反映してか、本書の著者が要約してあげているにもかかわらず、読みにくい）。

第三章は「目撃証人」である。「犯行時刻の前後に被害者宅前で被告人らを見た」と証言したW氏の証言録が引用される。彼は事件直後は捜査陣に全くノーマークだったのに、半年後第一回公判で被告人達が無罪を主張した後になって突如出てきたという、出現の不自然さと共に、薄暮の中バイクで時速三〇キロメートルで被害者宅前を通過中、二メートル先で振り向いた人間を見分けることが可能かどうかという根本的疑問を突きつけている。

第四章「予断」は、捜査に当たった警察官などの証言や被告人らと裁判長とのやりとりが再現されている。こういう否認事件では、法廷に書記官の他に「速記官」が詰めて、証人の発言や本人尋問（裁判官と本人達のやりとり）を、逐一記録する。裁判長が後でこれに目を通し、よほど都合の悪いところは訂正を命ずるが、大半は速記録のとおりである。従ってこれは法廷の雰囲気をほぼそのまま伝えている。

読者は、警察官がいかに四苦八苦しているか、裁判長がいかに被告人達をやっつけようとしているかを、感じ取ることができるだろう。

第五章は、「判決」と題されているが、前半は裁判長と被告人との法廷でのやりとりである。裁判長の姿勢がよく分かる。

判決は案の定と言おうか、予想に反してと言おうか、無期懲役であった。

第六章は「控訴」、第七章は「再審請求」、第八章になって「舵のない船」と、題名が出てくる。ここに来て、「舵のない船」と「えん罪」がなんで結びつくのか、やっと合点がいくという具合である。

当時の弁護団長・小高丑松《おだかうしまつ》弁護士と著者との対談が面白い。冤罪の原因が何かが、縦横に語り合われる。著者は、本土復帰前に沖縄で体験した陪審員の経験を基に、「冤罪の元凶は職業裁判官にある」と喝破する。その改善の為には、「裁判に素人が参加すること」だという。

二〇〇九（平成二一）年五月から裁判員法が施行された。これも一種の「素人の裁判参加」の制度ではある。一歩陪審制度に近づいたとの評価もある。しかし著者は手厳しい。こういう中途半端な国民参加は、百害あって一利無しだという。読者諸氏には、元日弁連会長の土屋公献氏と本書の著者らが共同編集し、現代人文社から二〇〇七（平成一九）年に出版された『えん罪を生む裁判員制度』を本書とともに合わせお読みになることをお勧めしたい。

本書の初版が出版された一九九三（平成五）年は、前年に布川事件の第一次再審が最高裁で負け（裁判は六戦六敗）、被告人たちの仮釈放の目途も立たず、支援の運動もなかなか広がらず、被告人・弁護人ともども疲労困憊・悲嘆の底にあった。

本書の出版を始めとする各位のお励ましにより、一九九六（平成一八）年の二人の仮釈放、一九九八年と二〇〇〇年の二人の結婚が続き、二〇〇一（平成一三）年第二次再審申立に立ち上がることができた。改めて深謝する次第である。

2 「えん罪布川事件」を誰がつくったか

「えん罪布川事件」を作った責任は、第一に警察・検察の捜査当局である。桜井・杉山両君が別件で逮捕され、本件の追及を受けた当時、警察・検察の手元には両君の有罪を証する証拠は、皆無であった。それどころか捜査（自白強要）が進むほどに、両君の「自白」と客観的事実が合わないことを示す証拠が捜査官の手元に集まった。例えば「自白」が「扼殺」となっているのに「絞頸・絞殺」を疑わせる死体検案書、鑑定書、犯行時刻と思われる頃に「被害者宅前に居た男は杉山君ではない」とする目撃証人（O、Mさん）、「犯行現場に落ちていた毛髪の中には二人のものはなく、また被害者のものでもない第三者のものがある」との鑑定書、「10月17日頃に録音された、出来の悪い、編集の痕跡のある『自白』テープ」（これについては複数の捜査官が法廷で「録音したことはない」と偽証までした）などなどである。

ところが検察は、これら無罪の証拠を隠したまま、「自白」を唯一の直接有罪証拠として、本件を起訴した。そして確定審の中で弁護人の度重なる証拠開示の要求に対して、詭弁を弄してこれを拒んだ。

第二次再審になり、弁護人の理を尽くした証拠開示請求に対し、検察は抗しきれず、これら無罪の証拠を提出せざるを得なかった。

最近、郵政不正事件において、大阪地検特捜部主任検事が証拠隠滅の容疑で逮捕・起訴され、また同特捜部の前部長と前副部長が犯人隠避の容疑で逮捕された。これは逮捕された検察官ら個人の問題ではない。検察ではこれまでも、このような証拠隠滅や犯人隠避（布川事件のように「被告人に有利な証拠を隠すこと」も同じである）が、組織的に行われていたことが背景にある。

このようなことを無くすためには、裁判所が憲法・刑事訴訟法の原則に立ち返って、証拠を厳密に評価すると共に、取り調べの全過程の録音・録画が必要不可欠である。

布川えん罪事件を作った第二の責任は、裁判所である。

無罪の発見こそ裁判所の職責であり、為に法廷は「疑わしきは被告人の利益に」の大原則が支配し、「有罪の立証責任は検察にあり」「自白のみに基づいては有罪としてはならない」との原則がある、しかるに確定一・二・三審は、いずれも有罪の推定の下、ほとんど「自白」のみに基づいて、二人に無期懲役を科した。「現場に指紋がないからといって、二人を犯人でないとすることはできない」という、確定二、三審の論理がこのことをよく示している。

3　布川再審公判の最近の動き

二〇〇九（平成二一）年一二月最高裁の決定により、再審開始が確定した。二〇一〇（平成二二）年春から、水戸地裁土浦支部で、何回かの弁護・検察・裁判所の三者協議を経て、七月九日から再審公判が開かれた。

七月三〇日には、検察の「最後の切り札」とも言われた遺留品のＤＮＡ型鑑定請求が却下され、九月一〇日には弁護側請求の目撃証人Ｏ・Ｍさんの証人尋問が行われた。同証人は「杉山さんは当時からよく知っていたが、事件当夜被害者宅前に立っていた男性は杉山君ではないこと」をはっきり証言した。一〇月一五日には桜井・杉山両君の被告人質問が行われた。両君とも「無実の訴えに全く耳をかさず、頭から犯人と決めつけ、ひたすら自白を迫る捜査官、自白をするまで、この取り調べという名の自白強要が、何時まで続くのか分からない、その苦しさに耐えかねて虚偽の自白をしたこと」を、時には涙ぐみながら訴えた。

事実調べはこれで終わり、一一月一二日に検察官の論告、一二月一〇日に弁護側の弁論、来年三月には判決の見通しである。

（二〇一〇年一〇月一五日記／しばた・ごろう）

1988（昭和63）年

2月21日　第1次再審請求即時抗告審決定（棄却）（裁判長：小野幹雄）

2月25日　特別抗告を申立／最高裁第1小法廷（裁判長：大堀誠一、裁判官：味村治、三好達）

1992（平成4）年

9月9日　第1次再審請求特別抗告審決定（棄却）

1996（平成8）年

11月12日　杉山卓男、仮出獄

11月14日　桜井昌司、仮出獄

2001（平成13）年

12月6日　第2次再審請求を申立／水戸地裁土浦支部

2005（平成17）年

9月21日　再審開始決定／水戸地裁土浦支部（裁判長：彦坂孝孔）

9月26日　検察側が即時抗告／東京高裁

2008（平成20）年

7月14日　検察側が即時抗告棄却決定（再審開始決定）／東京高裁第4刑事部（裁判長：門野博）

7月22日　検察側が特別抗告／最高裁

2009（平成21）年

12月15日　特別抗告棄却決定／最高裁第2小法廷（裁判長：竹内行夫）、再審開始

2010（平成22）年

7月8日　水戸地裁土浦支部（裁判長：神田大助）、再審第1回公判（検察側の遺留品 DNA 鑑定請求却下）

7月30日　再審第2回公判（弁護側請求の目撃証人O・M氏証人尋問）

10月15日　再審第3回公判（被告人質問）

＊布川事件の HP（www.fureai.or.jp/~takuo/fukawajiken）掲載の「布川事件の年譜」などを参考にして作成。

布川事件・裁判年表(敬称略)

1967(昭和42)年

8月28日	事件発生(茨城県北相馬郡利根町布川)
8月30日	事件発覚、第一発見者/香取末次郎
10月10日	桜井昌司(当時20歳)逮捕(別件窃盗容疑)、取手署に留置
10月16日	杉山卓男(当時21歳)逮捕(別件暴力行為等容疑)、土浦署に留置
10月19日	両名に対し、本件の逮捕状発付
10月23日	両名に対し、本件で逮捕状執行
11月6日	杉山、土浦拘置支所へ移管
11月8日	桜井、土浦拘置支所へ移管
11月13日	両名、別件で起訴・勾留、本件で否認調書作成、本件釈放
12月1日	代用監獄へ逆送/杉山は土浦署、桜井は取手署へ移監 秦医師、鑑定書を提出
12月28日	本件強盗殺人で起訴

1968(昭和43)年

2月15日	第1回公判/水戸地裁土浦支部　桜井、杉山　共に本件を否認
4月18日	桜井、土浦拘置支所へ移監

1969(昭和44)年

6月19日	杉山、土浦拘置支所へ移監

1970(昭和45)年

10月6日	一審判決(無期懲役)/水戸地裁土浦支部(裁判長:花岡学)

1973(昭和48)年

12月20日	二審判決(控訴棄却)/東京高裁第10刑事部(裁判長:吉田信孝)

1978(昭和53)年

7月3日	最高裁第2小法廷(裁判長:大塚喜一郎、裁判官:吉田豊、本林讓、栗本一夫)決定(上告棄却) 両名、千葉刑務所へ下獄

1983(昭和58)年

12月23日	第1次再審請求を申立/水戸地裁土浦支部

1987(昭和62)年

3月31日	第1次再審請求審決定(棄却)(裁判長:榎本豊三郎)
4月4日	即時抗告を申立/東京高裁第10刑事部

◎著者プロフィール

伊佐千尋（いさ・ちひろ）
1929年東京生まれ。1978年デビュー作『逆転』で第9回大宅壮一ノンフィクション賞を受賞。これを機に実業界から作家に転じた。1982年、陪審制度を復活・実現することをめざして、作家の青地晨、弁護士の後藤昌次郎、倉田哲治各氏らと、「陪審裁判を考える会」を発足させる。

《主な著作》
『日本の刑事裁判——冤罪・死刑・陪審』（中公文庫）、『沖縄の怒り　ゴザ事件　米兵少女暴行事件』（文春文庫）、『司法の犯罪』（文春文庫）、『目撃証人』（文藝春秋）、『裁判員制度は刑事裁判を変えるか——陪審裁判を求める理由』（現代人文社）など司法問題に関する著作多数。
その他、『トレビノの破天荒ゴルフ』（訳、新潮文庫）、『洛神の賦——三国志の世界を訪ねる旅』（文藝春秋）、『邯鄲の夢——中国・詩と歴史の旅』（文藝春秋）の漢詩選集がある。

〔新装版《しんそうばん》〕　舵《かじ》のない船《ふね》　布川事件《ふかわじけん》の不正義《ふせいぎ》

2010年11月10日　第1版第1刷

著　者　伊佐千尋
発行人　成澤壽信
発行所　株式会社現代人文社
〒160-0004 東京都新宿区四谷2-10八ッ橋ビル7階
振替 00130-3-52366
電話 03-5379-0307（代表）
FAX 03-5379-5388
E-Mail henshu@genjin.jp（代表）／ hanbai@genjin.jp（販売）
Web http://www.genjin.jp
発売所　株式会社大学図書
印刷所　株式会社ミツワ
装　画　押金美和
装　丁　Malpu Design（渡邊雄哉）

検印省略　PRINTED IN JAPAN　ISBN978-4-87798-468-7　C0036